Taubenfüttern ist nicht genug

Ronny Scheer

Taubenfüttern ist nicht genug

Warum Älterwerden Spaß macht

Metroverlag

Meiner Mutter, die mir seit 61 Jahren vorlebt,
wie man das Leben gestalten kann.

Inhalt

Habent sua fata libelli – statt eines Vorworts	7
Was raten die Ratgeber?	11
Im Schleudersitz aus dem Sinkflug	20
Das Zähmen der Wolfskinder	39
Warum sterben Männer früher als Frauen?	55
Schlafen kann man bis zum Ende der Ewigkeit	66
Ich will kein alter Trottel sein!	79
Taubenfüttern ist nicht genug	92
Es gibt mehr grantige alte Männer	109
Forever young – ein Lebensentwurf	120
Laufend besser	138
Sex	153
Die Ruhestandsdiskussion	175
Ich denke es mir gut, alt zu sein	189
Inspirationen	201

„... aber mit Versen ist so wenig getan, wenn man sie früh schreibt. Man sollte warten damit und Sinn und Süßigkeit sammeln ein ganzes Leben lang und ein langes womöglich, und dann, ganz zum Schluß, vielleicht könnte man dann zehn Zeilen schreiben, die gut sind. Denn Verse sind nicht, wie die Leute meinen, Gefühle (die hat man früh genug), – es sind Erfahrungen. Um eines Verses willen muß man viele Städte sehen, Menschen und Dinge, man muß die Tiere kennen, man muß fühlen, wie die Vögel fliegen, und die Gebärde wissen, mit welcher die kleinen Blumen sich auftun am Morgen. Man muß zurückdenken können an Wege in unbekannten Gegenden, an unerwartete Begegnungen und an Abschiede, die man lange kommen sah, – an Kindheitstage, die noch unaufgeklärt sind, an die Eltern, die man kränken mußte, wenn sie einem eine Freude brachten und man begriff sie nicht (es war eine Freude für einen anderen –), an Kinderkrankheiten, die so seltsam anheben mit so vielen tiefen und schweren Verwandlungen, an Tage in stillen, verhaltenen Stuben und an Morgen am Meer, an das Meer überhaupt, an Meere, an Reisenächte, die hoch dahinrauschten und mit allen Sternen flogen, – und es ist noch nicht genug, wenn man an alles das denken darf. Man muß Erinnerungen haben an viele Liebesnächte, von denen keine der andern glich, an Schreie von Kreißenden und an leichte, weiße, schlafende Wöchnerinnen, die sich schließen. Aber auch bei Sterbenden muß man gewesen sein, muß bei Toten gesessen haben in der Stube mit dem offenen Fenster und den stoßweisen Geräuschen. Und es genügt auch noch nicht, daß man Erinnerungen hat. Man muß sie vergessen können, wenn es viele sind, und man muß die große Geduld haben, zu warten, daß sie wiederkommen. Denn die Erinnerungen selbst sind es noch nicht. Erst wenn sie Blut werden in uns, Blick und Gebärde, namenlos und nicht mehr zu unterscheiden von uns selbst, erst dann kann es geschehen, daß in einer sehr seltenen Stunde das erste Wort eines Verses aufsteht in ihrer Mitte und aus ihnen ausgeht."

Aus: „Die Aufzeichnungen des Malte Laurids Brigge",
Rainer Maria Rilke 1920

Habent sua fata libelli – statt eines Vorworts

Meine Verlegerin hat mir das von ihr korrigierte Manuskript, schon gelayoutet, in den Urlaub nach Italien mitgegeben. Sie hat sich die Mühe gemacht, das Buch zu strukturieren und ein Vorwort zu schreiben, mit dem sie den Anschein erwecken wollte, dass das Buch einer klaren Linie folgen würde. Dass das nicht so ist, dass das Buch mäandriert, wusste sie natürlich ebenso wie ich. Aber sie dachte, dass ein Vorwort, das klar strukturiert ist, Ihnen liebe Leserin, lieber Leser, den Eindruck geben könnte, dass Sie ein Buch kaufen, in dem Sie klare Anweisungen bekommen, und nicht eines, in dem Ratschläge anderer Bücher kritisiert werden, bisweilen ohne bessere Alternativen anzubieten.

In den ersten zwei Wochen des Urlaubs war ich mit meinem Widerstand beschäftigt, das Buch noch einmal zu lesen. Dann ging's aber flott. In zwei Tagen und

Nächten war ich durch. Nur das Vorwort machte mir Sorgen.

Ich brachte den durchgesehenen Text zur Post. Schon in meiner Jugend hieß es, wenn man eine Ansichtskarte aus Italien schreibt, ist es besser, wenn man sie selbst nach Österreich trägt. Sie kommt dann schneller an.

Vor dem Postamt in dem kleinen Städtchen Panza auf Ischia stand eine Schlange alter Menschen. Sie benutzen das Postamt als Bank und holten Geld ab oder zahlten Erlagscheine ein. Ein Schalter, der zwar als Bank fungiert, ist doch noch als Postamt ausgewiesen. Man kann dort mit Post-Angelegenheiten vorgehen. Ich wollte, dass der Brief in wenigen Tagen ankommt. „Posta celer", verlangte ich, mich an meine Lateinkenntnisse aus der Schule erinnernd. Die korpulente Beamtin beschied mir, dass ich 1. ein Kuvert brauche – das gibt's in der Cartolerina; dass ich 2. eine italienische Steuernummer (Coda fiscali) brauche, sonst gäbe es nur eine rekommandierte Aufgabe (Mindestdauer sieben bis zehn Tage). Also ging ich ein Kuvert kaufen. Zuerst wurde mir ein A4-Kuvert ausgehändigt, das sich schon am Ladentisch auflöste. Ein wattiertes wurde verlangt, widerwillig gegeben und gekauft. Wegen der Steuernummer war ich etwas ratlos, also wurde Kaffee trinken gegangen. Mein lieber Sohn suchte das Cornetto (Croissant) aus. Meines war ungenießbar, der Cappuccino wunderbar.

Da kam der Fleischhauer des Ortes, der viele Jahre in

Deutschland und Österreich gearbeitet hat, ins Kaffee. „Können Sie mir helfen?", pirschte ich mich an. Ich erklärte ihm die Lage. Er war amüsiert. „Soll ich Ihren Brief aufgeben?", fragte er lachend. Er meinte es aber nicht. Er verlässt sein Geschäft nur, wenn keine Kundschaft drin ist, um im benachbarten Kaffeehaus Witze zu reißen. „Haben Sie eine Steuernummer?", fragte ich einem Einfall folgend. Er hatte. Auf einer zerbrochenen Karte in der Größe einer Kreditkarte war sie zu sehen. Ich bekam noch seine Personalien. Ein alter Beamter weiß: Die Steuernummer allein wird nicht reichen. Also richtig zurück zum Postamt. Wir hatten: Adresse, Steuernummer, Namen des Fleischers. Posta celer prego! Es dauerte nun nur mehr sechs Formulare, 45,30 € und drei ersetzte Unterschriften des Fleischers, der Brief war weg.

Damit ist die Aussage des Buchs klarer als in dem ursprünglichen Vorwort: Wenn Sie nicht zu den Alten gehören wollen, die am Postamt den Vormittag verbringen und dann unverrichteter Dinge abziehen müssen; wenn Sie nicht zu den Alten gehören wollen, die keinen schnellen Brief aufgeben können; wenn Sie nicht zu den Alten gehören wollen, die sich von Schwierigkeiten abschrecken lassen und resignierend sagen: „Da kann man eben nichts machen!", dann sind Sie hier richtig. Glauben Sie nichts, lassen Sie sich durch fast nichts abschrecken, riskieren Sie alles – und zwar am besten, nachdem Sie ab 3:00 Uhr ein Manuskript korrigiert haben und dann – nachdem Ihre Frau wieder eingeschlafen ist – um 6:00 Uhr eine Stunde im tiefen Muschelsand gegangen und eine Stunde entlang der Mole geschwommen sind. Dann fühlen Sie sich so, dass Sie mit der Steuernummer des Fleischers gewinnen. Die Tauben wissen das: Sie wenden sich plötzlich an andere, die mit einem kleinen Geldbetrag verschwitzt von der Post kommen.

Ronny Scheer

Was raten die Ratgeber?

In allen Ratgebern, die für über Fünfzigjährige geschrieben wurden, wird letzten Endes Todesangst geschürt. Dies geschieht auf verschiedene Arten: Einerseits indem man die Senioren auffordert, weniger zu essen, sich mehr zu bewegen und allenfalls auch mehr Geschlechtsverkehr zu haben, andererseits indem man ihnen vorrechnet, um wie viel sie ihr Leben allenfalls verlängern können. Diese Verlängerung nimmt solche Ausmaße an, dass das Buch von Prof. Dr. Siegfried Meryn und Christian Skalnik (2009) sogar im Titel behauptet, dass man mehr vom Leben hat, wenn man gesünder stirbt. Da ist etwas Wahres dran: Es macht Freude, sich im fortgeschrittenen Alter bewegen zu können, und körperliche Beweglichkeit und sexuelle Aktivität sind gut gegen Altersdepressionen und Fettleibigkeit und vielleicht auch gegen vorzeitiges Sterben. Ob es allerdings beim Verwesen einen Unterschied macht, wie gesund man war, bleibt dahingestellt.

Besonders schade ist, dass die Befolgung aller Ratschläge zur Gesunderhaltung den Tag fast gänzlich ausfüllt. Kein Spaß mehr, keine Zeit für Nichtstun, wenig Zeit für Dummheiten. Es spricht jedoch viel dafür, dass Dummheit auch und vor allem im Alter Spaß macht und dass zum Beispiel Leute, die an Zuckerkrankheit leiden und infolgedessen ihren Tag genau einteilen, zwar gesünder leben, aber weniger Spaß haben.

Das Schwierige an vielen Ratschlägen ist, dass sie Angst machen. Angst, die ohnehin schon besteht und die sich aus der Endlichkeit des Menschen von selbst ergibt. Jeder ist sterblich und weiß das auch. Warum der Mensch als einziges Tier dieses Wissen haben muss und was es ihm nützt, sind philosophische Fragen. Jedenfalls besteht es und macht Angst. Todesangst.

Beschäftigt man sich nun mit dem sicher scheiternden Versuch, dem Tod zu entkommen, indem man sich gesünder ernährt, nicht raucht, wenig Alkohol trinkt und sein Gewicht reguliert, so beschäftigt man sich andauernd mit dem Versuch, etwas zu verhindern, das unverhinderbar ist. Das wird zum Beispiel an einer Bemerkung in dem oben erwähnten Buch klar: Siegfried Meryn berichtet aus Studien, dass die Regulierung des Übergewichts wahrscheinlich nur dann eine Hilfe ist, wenn man schon vor dem vierzigsten Lebensjahr sein Idealgewicht hat. Danach spielt die Gewichtsabnahme statistisch im Sinne der Lebensverlängerung keine Rolle mehr. Heißt das dann für alle, die dieses Buch erst jenseits des vierzigsten Lebensjahrs lesen, dass sie so dick sein oder bleiben können, wie es ihnen Lust und Appetit eingeben? Heißt das, dass die Ratschläge der Ärzte, dass man abnehmen soll, dann zu spät kommen und ab jetzt jeder Dicke, der von seinem Arzt den Rat bekommt, abzunehmen, auf gut Wienerisch sagen kann: „Bei mir ist's zu spät. Schon Hopfen und Malz verloren! I fress weiter!" Sie sehen: Diese statistische Beobachtung mag zwar wertvoll sein, aber was macht der, der sie erst nach dem vierzigsten Lebensjahr liest? Und was macht der, der erfährt, dass Langzeitehen ebenfalls das Leben verlängern, wenn er alleinstehend ist?

Diese Ratschläge beziehen die Ängste der Menschen vor dem Tod und die sich daraus ergebenden irrationalen Handlungen nicht ein – sie benutzen die Angst. Denn die meisten nehmen erst ab, wenn es zu spät ist. Raucher hören überraschenderweise zu rauchen auf, wenn bei ihnen Lungenkrebs diagnostiziert wird, Herzkranke hören auf, Butter zu essen, wenn die Herzkranzgefäße verstopfen. Warum dann? Die Antwort ist klar: Jetzt geht es um die echte, um die erlebte und gefühlte Todesangst, die man bisher zwar theoretisch kannte, die aber nun in Form der spürbaren Erkrankung real vorhanden ist und nicht mehr weggeschoben werden kann.

Ich selbst bin übergewichtig. Ich habe vierzig Jahre geraucht und durch meinen Beruf eine Sterbende bereits mit zwanzig Jahren so wahrgenommen, dass ich ab dann den Tod als Teil des Lebens verstanden habe. Eine Schwester schickte mich allein in ein Krankenzimmer in Horn. Dort lag eine Frau, ganz still, eine Fliege kroch auf ihrer Bindehaut dahin und trank Tränenflüssigkeit. Ich wusste nicht, was mit der Frau los war. Sie reagierte nicht. Es dauerte Minuten, bis ich verstand. Die Schwester hat darüber herzlich gelacht. Ich erlebte zum ersten Mal die Alltäglichkeit des Todes, der mir bis dahin aus der Literatur so erhaben geschildert worden war.

Meine Blutfettwerte sind miserabel und mein Essverhalten wird von meinem Internisten nicht befürwortet. Er ist immer dünn gewesen und nimmt nicht zu. Daher kann er auch das Essverhalten Dicker kaum verstehen und gibt die Ratschläge, die die Wissenschaft jeweils erfindet. Diese Ratschläge sind Ergebnisse großer Studien, in denen Überlebenszeiten gemessen werden. Unberücksichtigt bleibt dort die Qualität des Lebens, wie auch immer diese abzubilden ist. Ist ein Leben lebenswerter, das ohne Behinderungen geführt werden kann? Sind dünne Menschen glücklicher? Was ist Glück? Wieso wissen Kalifornier, dass sie besser daran sind als andere Menschen? Und wieso entscheidet Wohlstand seit Jahrhunderten noch immer mehr über Überlebenszeit und -qualität als gesunde Ernährung, biologische Lebensweise und die vielen anderen Maßnahmen, die Lebensverlängerung bewirken sollen.

Dieses Buch versucht, sich für das Leben vor dem Tod einzusetzen: Es will Ihnen Anleitungen geben, wie Sie damit fertig werden können, dass sich jüngere und in den modernen Methoden bessere Leute an Ihre Stelle zu setzen beginnen. Es will Ihnen zeigen, dass die Sorge um andere Menschen, um Ihre Nachkommen und Kindeskinder und deren Förderung Befriedigung und Freude schenken kann. Es will Sie einführen in die Freuden des Weitergebens materieller und immaterieller Güter: Geld und Wissen, vor allem dann, wenn es gefragt wird. Es will sie in einer Lebensführung bestärken, in der Lieben mehr Rolle spielt, als geliebt werden und in der Nachlassen keine Schande ist. Es will Sie wegführen von den Gesprächen alter Herren, die sich ihre Zeiten bei (Halb-)Marathonen erzählen und um die Wette auf Berge gehen. Es will sie aber auch vor kosmetischer Chirurgie warnen, weil die Ergebnisse, wenn man nicht so reich und entschlossen ist wie zum Beispiel Cher oder Silvio Berlusconi, immer lächerlich wirken und das neue Gesicht ein altes ist – mit Narben. Es will Ihnen die Möglichkeit geben, Ihr älter gewordenes Gesicht zu pflegen, sodass die Auffassung, dass jeder für sein Gesicht ab zwanzig verantwortlich ist, für Sie keine Beschimpfung ist. Es will Sie dazu bringen, dass Sie noch einmal nachdenken, ob Sie nach dem Klimakterium wirklich einem Guru oder einer Frauenbewegung „hereinfallen“ sollen, die Ihnen einen Neuanfang empfiehlt, obwohl Sie vielleicht nur einen neuen Abschnitt beginnen. Es will Sie ermutigen, nicht vor allem an sich und Ihre Angst zu denken, denn das führt dazu, dass Sie unglücklich und allein Ihren „wohlerworbenen“ Reichtum und Ihren „wohlverdienten“ Ruhestand genießen müssen. Und nichts Schlimmeres als das. Diese zwei Sprachlügen, die gleich neben der des Urlaubs kommen, sind Lügen. Reichtum ist Diebstahl, sagen schon die Kommunisten, und es ist einfach nachvollziehbar: Wenn wenige alles haben, dann muss es allen fehlen. Es ist immer eine Verschiebung der Normverteilung durch „Geschäftssinn“ oder Diebstahl. Ebenso gibt es keinen wohlverdienten Ruhestand. Ruhestand kann man sich nicht verdienen, er ist ein Geschenk der Gesellschaft an jene, die ihr gedient haben. Dass aber jene ihn in Anspruch nehmen, die keinen Dienst an der Gemeinschaft geleistet haben, gehört zu den Fehlern im System, die darauf beruhen, dass der Mensch immer seinen Vorteil sucht und nicht zuvorderst das macht, was „anständig“ ist.

Denn die, die den Ruhestand erleben, sind meist die, die keinen brauchen. Die Ausweitung der sogenannten „Hacklerregelung“ im österreichischen Pensionssystem hat gezeigt, dass es nur mehr circa fünf Prozent Schwerstarbeiter gibt, die eine solche Regelung benötigen und früher als die anderen in den

Ruhestand treten sollten. Stattdessen nehmen das nun Ärzte und Bahnarbeiter in Anspruch, die es gar nicht brauchen, weil sie ohnehin noch frisch genug wären, um zu arbeiten. Die genauere und strengere Überwachung des vorzeitigen Ruhestands durch die Gebietskrankenkassen hat nach der Ankündigung dieses Verfahrens dazu geführt, dass der Altersdurchschnitt bei Pensionsantritt um ein halbes Jahr gesunken ist. Heute liegt das durchschnittliche Pensionsantrittsalter in Österreich bei 57 Jahren, und Italien ringt um eine Regelung, die das sechzigste Lebensjahr als Antrittsalter einführt.

Was aber machen die Menschen in der nun geschenkten und nicht verplanten freien Zeit? Womit füllen sie diese Jahre aus, die ihnen geschenkt sind? Es sind bei Männern im Schnitt immerhin noch die Jahre bis 77 und bei Frauen bis 82.

Sie fürchten sich: Sie haben Angst, krank zu werden und zu sterben. Diese Jahre könnten durchaus besser genutzt werden. Man könnte einen Beitrag für die Menschen, für die Gesellschaft leisten. Beitrag an die Gesellschaft, die einem ein gutes Leben ermöglicht hat, Beitrag in der Familie, die man oft bis dahin nur wenig gesehen hat, und Beiträge in allen Künsten und Wissenschaften. Das wird durch die Angst verhindert. Denn es soll nicht die Frage im Vordergrund stehen, wann ich sterbe und wie, sondern was ich bis dahin mache und wem es nützt. Es geht nicht darum, darüber zu schimpfen, wie sich die Jugend benimmt. Es geht nicht darum, wahrzunehmen, dass man am Rand der Gesellschaft lebt, wie schon einmal, als man Kind war. Es geht nicht darum, Versäumtes nachzuholen (was in dem meisten Fällen auch gar nicht möglich ist, zum Beispiel die lang aufgeschobene Weltreise ist als Alter unvergnüglich, wenn man nicht außerordentliche Geldmittel hat), sondern man betritt Neuland. Neuland des Gebens statt Nehmens, Neuland des Beitrags, Neuland des Sich-überflüssig-Machens und Neuland des Weise-Werdens und der Güte gegenüber den Jüngeren und den Jungen. Das merkt man leicht daran, dass man aufgehört hat, in der Straßenbahn zu schimpfen, dass die Jugend keinen Platz freimacht. Denn würden sie den Platz freimachen, dann wäre man auch wieder nicht zufrieden, denn das wäre eine Bestätigung dafür, dass man schon so alt ist. Vor allem aber will man um diesen Platz kämpfen, denn man will ihn nicht geschenkt haben. Zu sehr ist man Mensch, der für den Kampf geboren wurde, zu sehr ist man das alte Tier, das sich gegen das Jungtier behaupten muss.

Manchmal merkt man, dass man sich freut, wenn man gefragt wird, ob man sitzen will – man kann es als Geschenk annehmen. Manchmal findet man nicht nur Kleinkinder süß, sondern sogar seine eigenen großen. Manchmal betrachtet man seine eigenen Kinder bei deren Umgang mit deren Kindern, und man freut sich daran, wie sie es machen, und an der Entwicklung der

Enkelkinder. Dann kann es geschehen, dass man ein „gutes Gesicht“ bekommt, voller Falten und Runzeln und liebender Augen, die eine gewisse Attraktivität haben.

Sicher, das ist leichter gesagt, als getan. Ich würde dieses Buch nicht schreiben, wenn mir das leicht fiele. Ich leide darunter, dass ich erkenne, dass meine Ankündigung, mich zurückziehen zu wollen, nur mit der Frage der unbarmherzigen Jugend beantwortet wird, ob ich mein Dienstzimmer im Spital noch brauche ...

„Nur der verdient die Freiheit, wie das Leben,
der täglich sich's erringen muss!"
Johann Wolfgang von Goethe

Im Schleudersitz aus dem Sinkflug

Lesen, Selbstreflexion, Laufen, Beendigung des Rauchens – Ratschläge in Ratgebern für Menschen, die ihr Leben verbessern wollen. Sie alle haben vielleicht ein wenig dazu beigetragen, dass ich Teile meines Lebens managen konnte. Aber sie konnten nicht erklären, warum ich taub gewesen bin, taub so lange gegenüber den Ratschlägen von Großmüttern, von Vermächtnissen und Religionen. Der Grund war eben meine Taubheit, und die will ich bei meinen Lesern bekämpfen. Vielleicht geht das nicht, und jeder muss selbst so weit kommen. Das will ich aber nicht glauben, sonst würde ich dieses Buch nicht schreiben.

Mein Leben war lange Jahre von Ehrgeiz, Wissensdurst, Gier und Lust geprägt. Diese Eigenschaften und Triebfedern haben mir zwar alle letzten Endes weitergeholfen, sodass ich heute zu glauben weiß, worum es geht, aber sie haben mich auch oft daran gehindert, meinen Weg zu verfolgen. Ein Weg ohne Irrtümer existiert nicht. Schon oft habe ich mir gewünscht, dass ich das früher verstanden hätte. Heute freue ich mich auf jeden Tag, an dem ich es noch leben kann.

Ich bin deswegen nicht religiöser geworden, als ich es immer war: Zuerst glaubte ich an Gott, dann an die Astronauten Dänikens, dann an den Zionismus, dann an den europäischen Kommunismus und am Schluss des Studiums an den Maoismus. In meiner Suche war ich bei allen österreichischen Parteien und habe die Parteiführer kennengelernt. Als Student Bruno Kreisky und Rudi Dutschke und seinen österreichischen Surrogaten Robert Schindel, als junger Arzt Erhard Busek und Alois Mock, als doppelter Familienvater Jörg Haider und Susanne Riess-Passer und ihre Freunde.

Ich habe studiert, Medizin und Philosophie, und habe meine Erbanlage eines guten Gedächtnisses dazu benutzt, Lexika zu lesen, so, wie ich es schon als Kind machte. War es damals das ABC-Lexikon für Kinder, wurden es dann dickere Bücher und bessere Lexika. Bis ich Wikipedia-Autor wurde. Jedes Jahr lese ich das neueste Lehrbuch der Kinder- und Jugendheilkunde und die Bibel. Vieles merke ich mir und kann es gut wiedergeben. Es macht mir Spaß, das Lexikon des unnötigen Wissens zur Verfügung zu haben, und ich wüsste gern mehr und würde gern die hebräische Bibel und ihre Kommentare im Original lesen und verstehen können.

Ich habe zwei Familien gegründet und wurde Vater von fünf Kindern. Alle sind gesund. Meine Frau hatte drei Kinder, als ich sie kennenlernte. Die sind ebenfalls gesund, schauen wunderbar aus und sind einfach liebenswert. Ich habe ein gutes Verhältnis zu meiner ehemaligen Frau und verreise immer wieder mit meiner Mutter, die bei uns zu Hause lebt.

Wie ging das alles? Warum entstanden nicht mehr Konflikte? Wem verdanke ich so viel Glück? Ich habe fast noch gar nichts verstanden, aber das Wenige will ich weitergeben. Es könnte sein, dass ich für ein Vermächtnis zu jung bin. Ich mag aber Bücher nicht, die erst in der Stunde des Todes mit nur mehr geringem Atem geschrieben werden. Bresthafte Bücher, die dann auch von der Todesangst geprägt sind und die den jungen Menschen nichts mehr sagen. Ich will, dass meine Kinder das Buch lesen können und ein bisschen rot werden. Und ich will es – eitel – noch am Büchertisch sehen und angreifen können.

Denn die Todesangst treibt jeden von uns. „Jede legt noch schnell ein Ei, und dann kommt der Tod herbei", dichtet Wilhelm Busch. Genau dieses Ei will ich nicht legen. Und wenn es anders werden sollte und ich die Fertigstellung des Buches nicht mehr erlebe, dann war das eigentlich auch nicht so schlecht. Aber ich will den Tod nicht mehr spüren, als ihn eben ein Mann spürt, der gerade 61 geworden ist und der sich seit seinem zwanzigsten Lebensjahr intensiv mit dem Tod beschäftigt. Weil ich mich mein Leben lang so intensiv mit dem Sterben beschäftigt habe, ging ich immer davon aus, dass man ab fünfzig loslassen müsse, um in Würde alt zu werden. Und genau das habe ich gemacht: Ich habe nachgelassen, sowohl im Beruf als auch in meinem privaten Umfeld. Die Folgen waren:

* Ich konnte mich schlechter bewegen. Ich stieg aus dem Auto aus wie der Bulle von Tölz: die eine Hand an der Windschutzscheibe, die andere am Lenkrad, so hievt sich Ottfried Fischer aus seinem BMW, in dem es keinen Beifahrersitz gibt, weil der Fahrersitz eine Spezialanfertigung ist.
* In meinem Beruf als Kinder- und Jugendfacharzt nahmen mich die Jugendlichen auf einmal nicht mehr für voll. Selbst ihre Eltern negierten meine Beratungen und Anweisungen.
* In meinem häuslichen Umfeld wurde mein Erziehungscredo „Vorleben statt anordnen", frei nach Albert Einstein, nicht mehr angenommen. Denn was hat das mit Vorleben zu tun, wenn der „Alte" nur mehr am Gang herumschlurft. Es wurde zu einem Spaß für meine jugendlichen Söhne, diese Art des Schlurfens. Selbst für meine Mama (* 1924), die dieses Buch als Korrekturleserin betreute und die mit uns wohnt, gab ich kein gutes Beispiel fürs Altwerden ab.

- In meinen geschäftlichen Kontakten führte mein Nachlassen schlicht zur Katastrophe. Jeder Installateur betrog mich, weil er meine Schwäche erkannte. Selbst die Versicherung wollte bei einem Schaden an meinem Haus anfangs nicht zahlen, weil meine Betreuer dachten, dass ich den Vertrag, der das durchaus deckte, nicht gelesen hätte. Erst das Einschreiten meines Anwalts führte zur Deckung des Schadens.

Was aber war der Grund für mein Umdenken, was führte zu meinem Ausstieg aus dem Sinkflug, was führte in letzter Konsequenz dazu, dass Sie jetzt dieses Buch lesen, das ganz bewusst immer und immer wieder betont, dass Taubenfüttern nicht genug ist und Altwerden Spaß macht?

Als ich gerade mittendrin in meinem Loslassprozess mit gerade beschriebenen Folgen war, ersuchte mich ein Bekannter um Hilfe für seinen sechzehn Jahre alten Sohn Christian. Der junge Mann machte keine Hausaufgaben und versagte in der Schule komplett. Man war verzweifelt. Der Bekannte, oben erwähnter Anwalt, versuchte es mit Strenge. Das Notebook, unverzichtbares „Lebensmittel" von Christian, wurde weggenommen. Einmal wieder zurückgegeben, dann im Zorn auf den Boden geworfen, letzten Endes war es kaputt. Die Mutter – die Eltern sind natürlich, wie es heute üblich ist, getrennt – war für Güte. „Unser Christian“, rief sie immer wieder aus, „ist doch so ein lieber Junge!“ Die Mutter kümmerte sich um die Kinder der Nachbarn und Christian half, wo er gebraucht wurde. Nie von sich aus, immer nur auf Anfrage, aber dann schnell und unkompliziert.

Im Erstgespräch war Christian gelinde gesagt verstockt. Er wollte kein Wort mit mir reden. Ich neige dazu, das zu respektieren. Wer nicht mit mir reden will, der sagt eben nichts.

Der Vater war ein begnadeter Läufer, jedes Mal, wenn ich etwa eines meiner Kinder oder meine Frau frühmorgens zur Bahn brachte, sah ich Dieter am Kaiser-Josef-Markt bei rot über den Fußgängerübergang joggen. Darauf gründete mein Vorschlag. Ich wusste, dass ich – wenn überhaupt – nur über den Vater an das Problem Christians herankommen würde, und ich wollte meine eigene Situation verbessern.

Beides gelang: In Dieter fand ich einen wunderbaren Trainer, der seit dreißig Jahren jeden Tag läuft, Erfahrungen bei vielen Marathons gesammelt hat und Superzeiten erlaufen hatte. Er machte mit mir ein echtes Aufbautraining, das mit Drei-Kilometer-Strecken begann und kontinuierlich intensiver wurde. Dieter machte mir Mut, sprach mir gut zu und begleitete mich durch mein Keuchen und mein Übergewicht.

Währenddessen sprachen wir unter anderem über Christian und über die Liebe, die dieser herzliche und weiche junge Mann von seinem Vater benötigt. Ich coachte Dieter durch einen Schulwechsel seines Sohnes in eine technische Schule mit Lehre und Computerschwerpunkt, durch den Neukauf eines Notebooks, die Erfahrung, dass Christian seine Freundin auf Facebook fand und aus dem benachbarten Ausland holte, durch die Erkenntnis, dass Christian sein liebstes, wenn auch nicht so perfektes Kind wie die anderen ist und letzten Endes zu einer Vaterschaft, wie er sie sich immer gewünscht hatte.

Dieter hingegen coachte mich durch meinen inneren Schweinehund, wenn es draußen schneite, regnete oder einfach kalt und ungemütlich war. Das änderte meinen Tagesrhythmus: Ich begann, das Aufstehen um 5:40 Uhr leicht zu finden, und strich meine „Schreibzeiten" von 22:00 bis 24:00 Uhr. Wenn ich mich darüber beschwerte, sagte er: „Wer liest denn heute noch Bücher?" Wurde ich anklagend, sagte er: „Die Weiber schimpfen immer. Ich höre schon lange nicht mehr zu!" So coachte er einen Couch-Potato so weit, dass wir nach einem halben Jahr einen Halbmarathon miteinander liefen, und zwar in einer für mich durchaus annehmbaren Zeit. Als ich drei Kilometer vor Schluss schlappmachen wollte, ließ er mich bei sich einhängen und wir liefen als „Paar" ein. Das Zielbild, das uns so zeigt, habe ich auf einen Becher aufprägen lassen und ihm zum Geschenk gemacht.

Wenn ich über das Laufen schreibe und wie es mein Leben verändert hat, kann ich fast nicht aufhören. Alles hat sich dadurch geändert: Mein Selbstwert ist gestiegen – nun können mich die Erzählungen meiner Altersgenossen, wie toll sie am Skihang sind, nicht mehr erschüttern. Wenn eines meiner Kinder oder Schwiegerkinder eine Wanderung oder andere (neue) sportliche Aktivität vorschlägt, bin ich dabei. Und wenn meine dreißigjährige Tochter lachend sagt, dass sie es lustig findet, dass ich immer mit den Jungen mitzuhalten versuche, dann nehme ich das leicht.

Ich habe viel Neues gelernt: Mein Schwiegersohn hat mir das Kraulen beigebracht, und ich kann inzwischen eine bis eineinhalb Stunden kraulen, ohne zu ermüden. Ich kann, mit Schnorchel wohlgemerkt, so schnell schwimmen, dass meine Stieftochter, die regelmäßig schwimmt, ohne Schnorchel, außer Atem kommt. Ich kann mit meinem sechzehnjährigen Sohn beim Schwimmen leicht mithalten. Und wenn wir miteinander auf den Berg gehen, genieße ich, dass er auf den letzten Metern einen Sprint machen muss, um als Erster oben zu sein und mir eine lange Nase zu zeigen.

Vor allem aber kann ich aus dem Auto aussteigen, ohne mich festzuhalten.

Nicht zu vergessen sind die Nebeneffekte, die ich bei alledem ursprünglich nicht bedacht hatte: Ich fürchte mich nicht mehr vor Kälte und vor Regen. Ich freue mich, wenn es regnet, ich verwende nie einen

Schirm, nur in Extremfällen eine Kappe. Ich fahre immer mit dem Rad und kam vor Kurzem trotz „Blitzeises“, bei dem fast alle Radfahrer, die ich traf, gestürzt waren, heil an. Ich glücklicherweise nicht. Dass ich das Haus um 06:00 Uhr verlassen habe, um zu laufen, obwohl es Graupeleis geregnet hat, das habe ich in meinem Kalender eingetragen: Überwindung des inneren Schweinehunds, rot unterstrichen.

So kam noch schwimmen und Rad fahren (mit dem ersten Rad seit meiner Pubertät, das mir nicht zu groß ist) dazu, weiters mache ich zwanzig bis dreißig Liegestütz, wenn ich um 06:20 Uhr auf Dieter warte, und, wenn es geht, erkunde ich bei meinen Reisen die Umgebung zu Fuß, meist laufend.

Wenn ich am Flughafen einen circa fünfundzwanzig Jahre jüngeren Mann in Laufschuhen treffe, wir uns anschauen und dann wie aus einem Mund sagen: „Die hatten im Handgepäck keinen Platz mehr“, dann weiß ich, dass ich zwar nicht jung bin, aber auch nicht alt.

Die Auswirkungen meiner neuen Freizeitbeschäftigung waren in allen Bereichen zu spüren: In der Universitäts-Klinik für Kinder- und Jugendheilkunde, in der ich arbeite, änderte sich mein Verhältnis zum Team der Ärzte und Schwestern. Nach einem meiner Läufe empfingen sie mich mit einem Leintuch, das sie mir um die Schulter wickelten, auf dem stand: „Willkommen dem Champ!“ Selbst für die jungen Schwestern wurde ich zu fast einem Vorbild.

Gleiches geschah zu Hause, auch da wurde ich zum Vorbild: Mein ältester Sohn, der nicht nur meine Physiognomie, sondern auch meine Körperkomposition geerbt hat, begann zu laufen und entwickelte sich von einem kleinen, dicklichen Kind zu einem feschen, sportlichen jungen Mann, der in seinem neuen Anzug ausgesprochen respektabel aussieht. In der Medizin nennt man solche Erfahrungen „unintended side-effects". Sie beschreiben Nebenwirkungen, die oft wichtiger sind als die Hauptwirkung. Denn dass ich St. Petersburg oder Paris im Morgengrauen so genau kennenlernen konnte, dass ich die Karmeliterinnen am Montmartre hören konnte, wie sie im Wechselgesang das Lob der Mutter Maria erklingen ließen, dass ich auf der Aurora in St. Petersburg Aurora sah, dass ich in Melbourne die Mäuse gesehen habe, wie sie sich in den Blumentrögen der Hauptverkehrsstraße zum Tagesschlaf zurückgezogen haben, dass ich im Bois de Boulogne das Chalet Swiss mit den ersten Angestellten betreten habe – das alles habe ich meinen eigenen „Stadtführungen" im Morgengrauen zu verdanken. Am liebsten ist mir folgende Szene, die ich immer wieder herstelle: Ich frage, wenn ich fürchte, mich verlaufen zu haben, einen Passanten: „Wie komme ich zu meinem Quartier zurück?" Da dies meist am äußersten Punkt meines Laufs passiert, bekomme ich Antworten, die sich auf die Benutzung öffentlicher Verkehrsmittel beziehen. Lächelnd sage ich dann: „Ich brauche nur die

Richtung, der Rest findet sich." So laufe ich also durch London und genieße die Serpent im Hyde Park genauso wie ich in Wien auf der Sophienalpe den Ausblick genieße und es damit dem Erzherzog mit seinem Pferd gleichtue, wenn er aus dem Lainzer Park kam.

„Hat aber diese körperliche Veränderung auch eine geistige Entsprechung?", könnte man fragen. „Nicht automatisch!", würde ich antworten. Denn die Situation im Beruf bedurfte einer Reevaluierung. Lange hatte ich zugesehen, wie die Kollegen rund um mich meine mir selbst auferlegte Güte als Schwäche auslegten. Ich musste mich meines Vaters erinnern, der mir gesagt hatte: „Die meisten Menschen verwechseln Güte mit Schwäche. Selbst Kinder", so mein Vater mich streng musternd, „sind vor dieser Verwechslung nicht gefeit." Genau diese Erfahrung machte ich auch: Man schob mir all das zu, was man selbst nicht machen wollte. Da ich in der glücklichen Lage bin, in meinem Spezialgebiet alles zu können, was man dort brauchen kann, wurde ich zum Einspringer vom Dienst. Wollte der mir zugeteilte Oberarzt keine neuen Patienten in seiner Spezialambulanz sehen, wandten sie sich an mich. Wollte meine Frau, die mit mir arbeitet, keine Vorlesung halten, weil sie die moderne Attitude der Studenten, gleichzeitig SMS zu schreiben, auf Facebook zu sein und andere Vorlesungen virtuell zu besuchen, als respektlos empfindet, sprang ich ein. Und selbst meine

Vorgesetzten nützten meine Güte und meine Kenntnisse so aus, dass ich bei jeder klinischen Visite, die aus welchen Gründen auch immer ausfiel, sofort gefragt wurde, ob ich nicht einspringen könnte. Und ich konnte zumeist.

Wenn man in den Sinkflug gleiten will und davon alle anderen profitieren und sich schonen, man dadurch also selbst zu nichts mehr kommt, ist es ist schwer, die Selbstachtung zu bewahren. Die subjektive Arbeitsbelastung wird höher statt geringer, von Altersteilzeit keine Rede. Man wird der sprichwörtliche „alte Latsch", wie ein alt gewordener Knecht am Hof, der alles kann und für alles einzusetzen ist, während die Jungen sich einen schönen Tag machen. Man schaufelt sich sein eigenes Grab.

Auch in meinem unmittelbaren beruflichen Bereich hätte ein Anhalten des Sinkfluges negative Konsequenzen für mich gehabt. Das Gebiet, das uns an der psychosomatisch-psychotherapeutischen Station viel beschäftigt, sind die jungen Mädchen, die an Magersucht leiden. Wir hatten zu ihrer Versorgung ein Programm, das im Grunde schnelle Gewichtszunahme und begleitende Maßnahmen vorsah. Aber das Team war müde geworden, sich die immer gleichen Beschwerden anzuhören, den immer gleichen Wunsch, nicht zunehmen zu wollen, das Interesse meiner Kollegen an diesen Patientinnen fiel deutlich. Damit wurden unsere Erfolge seltener und die Mißerfolge häufiger. Schon feixte ein Kollege aus der Provinz, der eine Spezialklinik für diese Patientinnen leitet: „Ich freue mich über jeden, der sich für diese Patientinnen interessiert." Man konnte mit einem tauben Ohr hören, dass er sein Konzept und seinen Therapieplan für den besseren hielt. Wie denn auch nicht: Kamen doch Ungeheilte aus unserer Station zu ihm und wurden dort gesund. Das führte sogar so weit, dass eine Patientin nur zur Vorbereitung der Therapie bei ihm zu uns kam, sozusagen zur Durchuntersuchung. So tief kann man sinken.

Bis man sich entschließt, den Sinkflug zu beenden: Ich vergab drei Diplomarbeitsthemen, die die jeweiligen Therapiemethoden begleitend evaluierten. Ich besuchte die erwähnte Spezialklinik und sah auch deren Schwächen. Ich schrieb ein State-of-the-art-Paper in der größten deutschsprachigen wissenschaftlichen Zeitschrift für Kinder- und Jugendärztinnen, die in den Ordinationen Österreichs und Deutschlands gelesen wird. Siehe da: Sie wurde viermal nachgedruckt.

Vor allem aber: Ich hatte anfangs meine Stationsärztin gefragt, ob sie statt mir diese Arbeit, zu der ich eingeladen war, schreiben wollte. Sie hatte abgelehnt. Nun nicht mehr im Sinkflug, schrieb ich sie selbst. Diese Arbeit machte Schluss mit allen Mythen, die zu der Zeit zum Thema Magersucht durch die Gegend schwirren, und siehe da: Ich war wieder zum Opinion Leader geworden, das Fernsehen kam und machte mit meiner Begleitung einen Film zu diesem Thema.

Meine Familie hatte es am schwersten, mit meinem Durchstarten umzugehen: Hatte ich vorher jeden Tag um 17:00 Uhr eine Tea-time ausgerufen und mit allen zusammen Brot und Gebäck, Kuchen und Süßes mit Tee, Milch und Kandiszucker eingenommen, musste ich jetzt auch nachmittags arbeiten. Meine kreative Zeit am Abend fiel aus: Zwischen 22:00 und 02:00 Uhr musste ich ja schlafen, sonst hätte ich nicht um 05:40 Uhr aufstehen und laufen gehen können. So viel essen wollte ich auch nicht mehr: Jedes Kilogramm, das man mehr wiegt, muss man tragen. Bei etwa sechs Kilometern Laufstrecke jeden Morgen sind das bei einer Schrittlänge von 70 Zentimeter 8750 Schritte – das heißt 8750 Kilogramm mehr heben – und das jeden Morgen!

Auch mein sonstiges Verhalten änderte sich: Für die Kinder war völlig klar, dass ich den Müll raustrage. Nun kommentierte ich das immer mit: „Mir macht's nichts. Ich mach das gern!", und zeigte ihnen damit, dass auch sie ihren Beitrag leisten können. Unvergessen ist mir, wie mein Sohn neben mir saß, als ich die Büsche bei unserer Einfahrt stutzte, weil man sonst beim Hinausfahren aus der Einfahrt den Querverkehr nicht sehen kann. Er sagte: „Ich schau dir gern zu, aber du weißt, Gartenarbeit ist nicht so meine Sache!"

Ich verkaufte alle Rasenmäher, als klar wurde, dass

wir jede Woche stritten, wer diesmal den Rasen mähen solle. Der nun herbeigerufene Mann unserer Reinigungshilfe kam allerdings mit der Aufgabe nicht zurecht. Anfangs berechnete er zwölf Euro pro Stunde. Dann kam Rasenmäherbenzin und -öl dazu, dann Miete für die Abnutzung. Bei zwanzig Euro beendete ich das „Dienstverhältnis", allerdings war der Pensionist, der diese Aufgabe seither übernommen hat, desselben Geistes Kind. Auch er will jedes Mal mehr, und ich weiß schon heute, dass im nächsten Sommer die Auseinandersetzung unausweichlich sein wird. Denn, wie Sie ja nun wissen: Wenn man sich schwach zeigt, wird man betrogen, bestohlen und ausgenutzt. „Homo hominem lupus erat", sagt der Altlateiner. Der Mensch ist des Menschen Wolf. Daher kann er, sie gar nicht anders, als den Schwachgewordenen dem Verderben preiszugeben und im besten Fall für sich und seine Brut noch etwas rauszuschlagen. Jedes Anzeichen von Schwäche führt sofort zum Beißreflex, jede selbst empfundene Güte und das Gewährenlassen zum Verderben.

Ein Großonkel von mir beschloss, alles, was er besaß, seinen Kindern zu schenken. Seine Tochter zog mit dem Geld aufs Land und lebte dort mit ihrem Mann, ihren Kindern, der Schwiegermutter und zwei Hunden. Der Sohn trat in das Geschäft ein und verbrauchte alles Geld und weit mehr, als vorhanden war, für Innovationen, Internationalisierung und für das Sponsoring von Fußballmannschaften. So musste mein Onkel in bitterer Armut arbeiten und arbeiten, weil er kein Geld auf der hohen Kante hatte, obwohl er sein ganzes Leben in größter Sparsamkeit verbracht hatte. Er war also weiterhin gezwungen, seinen Lebensunterhalt zu verdienen. Und er genoss es. Er genoss es, jeden Tag die hohen Schuhe anzuziehen, die er sich vor vierzig Jahren hatte machen lassen, und ins Geschäft zu gehen. Dort kannte er sich aus. Die Kunden kamen seinetwegen aus der ganzen Stadt. Die alten Damen freuten sich auf das Gespräch, das er in vielen Sprachen konnte. Seine Auswanderung aus Polen mit zwölf Jahren, seine Übersiedlung nach Israel mit vierundzwanzig und seine zionistische Einstellung hatten ihn Englisch, Polnisch, Hebräisch und Deutsch gelehrt. Da er sehr bibelfest war und ungläubig, verfügte er auch noch über den feinen Humor der Wissenden. Irgendwann aber musste das Geschäft wegen Konkurses gesperrt werden. Da nahm er sich der alten Damen aus der Nachbarschaft an, die er bis zu deren Ableben pflegt. Was für ein guter Trick, um nicht aufhören zu müssen! Irgendwann aber war auch damit Schluss, mein Großonkel musste ins Altersheim. Dort wurde ihm sofort aus Bequemlichkeit des Personals ein Harnkatheter gelegt, was zur Folge hatte, dass er einen Harnwegsinfekt nach dem anderen bekam. Er wurde immer häufiger in den Rollstuhl gesetzt, auch das eine Erleichterung für das Personal. Die alten

Menschen werden am Morgen gewaschen und danach mit Windel und Katheter im Rollstuhl in den Aufenthaltsraum gesetzt, niemand muss mit ihnen spazieren gehen. Dort machen sie sinnlose Tätigkeiten wie bunte Steinchen auf eine Schnur auffädeln, wenn sie das noch können. Schließlich Mittagessen, Stühlchen in die Windel, wickeln, schlafen legen (egal, ob der Betreffende müde ist) für mindestens drei Stunden, danach wieder im Rollstuhl in den Aufenthaltsraum, Abendessen und ab ins Bett.

Dann begann mein Großonkel, sich auf's Sterben zu freuen. Im Altersheim interessierte sich kaum jemand für seinen Humor, der seit Kindheit sein bester Begleiter war. Die wenigen, die ihm zuhörten, starben ihm nach und nach weg. Mein Großonkel bedauerte, nicht mehr arbeiten zu dürfen, sich um niemanden mehr kümmern zu können und zuletzt auch den Verlust seiner Zuhörer.

Die Tochter kam den Vater ab und zu besuchen, der Sohn hatte den Kontakt zum Vater mehr oder weniger abgebrochen. Seine einzige „Leistung" war ein Anruf pro Jahr zum Geburtstag. Der Schwiegersohn konnte den Geruch im Altersheim schwer ertragen (was verständlich ist) und machte nichts, um die Situation seines Schwiegervaters zu verbessern. Der Alte aß das Gnadenbrot, man konnte ihm nichts mehr wegnehmen, also war er auch zu nichts mehr nutze.

Dazu gibt es einen jüdischen Witz:
„Der Vater liegt im Sterben. Seine drei Kinder, zwei Söhne und eine Tochter, haben sich kurz ins Wohnzimmer neben dem Schlafzimmer gesetzt und trinken Tee. Sagt die Tochter: „Für den Vater werden wir eine große Leweije (= Begräbnis) machen. Da werden viel Leute kommen. Wir werden zwei Schulbusse mieten und die Leute zum Friedhof führen. Nachher, wenn wir Schiweh sitzen (die sieben Tage, die man am Boden sitzt und an den Verstorbenen denkt), werden dann alle kommen und wir werden mit ihnen über den Vater reden und an ihn denken." Sagt der eine Sohn: „Wozu? Der Tate (= Vater) ist doch dann schon tot. Er braucht's dann nicht mehr und ich auch nicht. Wir nehmen einen Bus und überdies: Sieben Tage werde ich nicht vom Geschäft wegbleiben können." Sagt der jüngere Sohn: „Soll doch jeder, der kommen will, mit dem eigenen Auto kommen. Was, sollen wir nicht nur trauern, sondern auch noch organisieren?" Plötzlich steht der Vater im Pyjama in der Tür. Alle schreien: „Tateleben, was tust du da. Du sollst doch im Bett liegen!" „Ich hab mir gedacht, ich geh zu Fuß zum Friedhof und leg mich in mein Grab – das kommt euch am billigsten!"

Sie sehen: Selbst in der Stunde des Todes darf man noch nicht nachlassen, sondern muss den Kindern zeigen, was sich gehört. Die tieflauernden Erben, wie mein Notar das immer sagte, sind berechenbar. Nicht, wie man oft hört, unberechenbar, weil sie gierig sind und alles haben wollen, was sie bekommen können. Nein, genau diese Gier ist berechenbar. Kinder zerstreiten sich fürs Leben, wenn es um Erbschaften geht, Gattinnen und Gatten werden zu Wölfen – eben weil wir Wölfe sind. Sie dürfen sich nie, so einfach ist das, Schwäche leisten, weil es sich um eine Welt handelt, die auf Kampf und Sieg, auf das Überleben des Angepasstesten oder des Stärksten aufgebaut ist.

„Das Leben ist eine Erfahrung, die man hat, wenn man sie nicht mehr gebrauchen kann."
André Heller

Das Zähmen der Wolfskinder

Das Bedürfnis, Lebensweisheiten weiterzugeben, ist natürlich. Wie auch nicht? Wer Einsichten gewonnen hat, möchte diese weitergeben. An jedem Kaffeehaustisch passiert das. Menschen gleichen Alters berichten von ihren Urlaubsreisen. Jeder hat in einer anderen Konstellation etwas anderes erlebt. Aber alle haben die beste Lösung für ihre Wünsche gefunden und in Krisen richtig reagiert. Die daraus gewonnen Erkenntnisse geben sie jetzt weiter. Sie sind nicht an den Erkenntnissen der anderen interessiert. Sie nehmen deren Erzählungen zum Anlass, um von ihren eigenen zu berichten. Manchmal hat man vom Nebentisch den Eindruck, dass zwei oder mehr Menschen nur für sich selbst reden. Sie wollen reden und nicht zuhören. Man kann ähnliche Phänomene auch bei Freundinnen beobachten: Sie berichten über ihre häuslichen Sorgen und Ängste. Wie selten ist es, dass dann die eine auf die andere eingeht. Meistens hat sie das Gefühl, dass sie sich mit den Problemen der anderen beschäftigt, wenn sie erzählt, woran sie die Geschichten erinnern, und ihre eigenen zum Besten gibt.

Jugendliche kennen die Frage nach ihren Berufswünschen. Die Erwachsenen fragen, was den jungen Menschen so interessiert. Der antwortet. Aber anstatt nachzufragen, wie es dazu gekommen ist, anstatt sich für den Weg der Entscheidungsfindung des jungen Menschen zu interessieren, erinnern einen dessen Gedanken an die eigene Jugend. Kaum hat es sich der Jugendliche versehen, werden alte Geschichten ohne Bedeutung für die heutige Zeit erzählt. Der Junge wird zum Zuhörer, der nicht beraten, sondern der zum Anlass genommen wird, dass der Alte über sich selbst sprechen kann.

Was hat es mit dem Bedürfnis auf sich, Erkenntnisse weiterzugeben? Man will wichtig und klug sein. Man will sich äußern. Was heißt äußern? Etwas von sich weitergeben und damit im anderen, der es beherzigt, weiterleben, unsterblich werden, die eigene Wichtigkeit behalten.

Die Großen haben dafür Memoiren oder Biografien. Entweder sie schreiben sie selbst, oder sie werden geschrieben. Meistens von Journalisten, die Ereignisse spannend machen können und mit prominenten Namen versehen. Im Leben des Durchschnittsbürgers kommen solche Highlights nicht vor. Immer wieder werden Erlebnisse erlebt, immer wieder werden Leben gelebt, aber sie sind alle einfach, jeder hätte sie erleben können. Selbst die Rettung nach einem Unfall, eine schwere Geburt oder eine Naturkatastrophe – alles kennen die Menschen und haben davon gehört oder es schon selbst erlebt. Also wollen sie allenfalls eine kleine Notiz darüber in der Zeitung lesen (vor allem, wenn sie die Familie oder die Gegend kennen), aber sie wollen kein Buch darüber. Unbedeutend sind sie selbst. Das Lesen eines solchen Buchs erhöht sie nicht, entführt sie nicht in andere Regionen oder Gesellschaftskreise, die ihnen bis dato verschlossen waren.

Der kleine Mann kann also seine Erfahrungen nur an die Menschen seiner Umgebung weitergeben. Dazu bieten sich die Kinder an. Man kann sich sogar einreden, dass man ihnen was Gutes tut, wenn man sie an seinen Erlebnissen und Erkenntnissen teilhaben lässt. Leider sehen viele Kinder das nicht so. Denn mit der Übernahme der elterlichen Erfahrungen waren sie in den ersten Lebensjahren beschäftigt. Damals beobachteten sie die Lebensführung der Eltern, deren Umgang miteinander und mit ihnen. Sie sahen, ob ein Elternteil vernünftig mit Suchtmitteln umging oder sich andauernd betrank. Im zweiten Fall nützt es nichts, wenn sie zehn Jahre später die Erklärung bekommen, dass Alkohol schädlich ist. Oder sie sahen, wie der Umgang der Eltern miteinander entweder von gegenseitigem Respekt geprägt war oder Zorn, Hass und Verachtung den Alltag bestimmten. Im zweiten Fall werden sie sich Vorträge über Liebe später nicht anhören wollen. Selbst wenn alles gut ging und den Kindern Freude und Achtung entgegengebracht wurde, benötigen sie keine „Weisheiten". Denn die Kinder haben sie mitbekommen. Und wenn man sich selbst genau betrachtet, findet man selten Hinweise darauf, dass man nachahmenswert ist (jedenfalls behaupte ich das und freue mich natürlich, wenn meine Kinder das anders sehen).

Wohin ist man gekommen mit all dem, was man erkannt hat? Meist so weit es eben möglich war. Für vieles hatte man schlechte Voraussetzungen, wie Eltern, die nicht in einem Fürstenpalast geboren waren. Für vieles hatte man zu wenig Talent: Sportlich oder künstlerisch war man nicht sonderlich begabt oder hat zu spät mit Training oder Üben begonnen. Waren die Eltern nicht russische Geiger, hat die eigene musikalische Erziehung erst begonnen, als die anderen schon das Anmeldeformular für den Tschaikowsky-Wettbewerb in Händen hielten. Oder man übte Stemmbogen, als die Tiroler Dorfjugend bereits im Skigymnasium angemeldet war. Oder man war einfach zu faul: Stunden vor dem Fernseher, sportliche Aktivitäten mit Freunden und Schulkollegen am Nachmittag, Stunden, in denen man Spiele spielte – alles vergeudete Zeit, wenn nur ein Teil der Biografien von Stars stimmt. Da werden Kinder wie Michael Jackson bereits mit drei Jahren täglich zur Musik gezwungen. Täglich üben, Auftritte, musikalische Erziehung, ein Wechselspiel aus Zwang und Liebe – es mündet auch dann nur in einem Fall von unzähligen in einer außerordentlichen Karriere. Ob nun bei W. A. Mozart oder eben bei Michael Jackson.

Genies geben ihre Erkenntnisse nicht weiter. W. A. Mozart und Michael Jackson starben jung, aber auch Genies, denen ein langes Leben vergönnt war, wie Joseph Haydn, Friedrich Händel oder Isaak Newton, gaben zwar Wissen, nicht jedoch den Weg dorthin oder gar Biografisches weiter. Legenden wie etwa jene, dass Albert Einstein ein schlechter Schüler war (hat ihren Ursprung daher, dass bei den Schweizer Schulnoten Fünf die beste und Eins die schlechteste ist) oder dass W. A. Mozart ein großzügiger Verschwender mit niedrigen Einkünften war – sie alle stammen nicht von den betreffenden Personen selbst.

Genies teilen sich über ihre Werke mit und die Werke über ihre Außerordentlichkeit. Ihre Schöpfer sind so unwichtig wie alle anderen Menschen. Die Begräbnisstätten der Schöpfer werden besucht – wozu, bleibt unklar. Was dort liegt, hat mit dem Geschaffenen nichts zu tun. Ihre Büsten werden bestaunt, von Einstein gibt es sogar das Gehirn, von früheren Genies die Totenmaske. Keinem dieser Relikte kann man das Besondere entlocken, das sie hervorgebracht haben.

Fazit: Es hat also nur der, dem solch Geistesblitze und Geniestreiche nicht vergönnt waren, das Bedürfnis, seine Erkenntnisse in direkter Rede weiterzugeben. In diesem Bedürfnis liegt jede Menge Bitterkeit. Bitterkeit über mangelnde Zuhörer. Bitterkeit über das Wissen, dass das Leben wenig gegeben hat und man sich nur ungenügend revanchieren konnte. Erinnerungen an Herausforderungen, die man nicht bewältigt hat. Und zuletzt die Wahrnehmung, dass nicht einmal das jemand hören will.

Wie viel Erziehung wird von solchen Bitterkeiten bestimmt! Wie oft will man den Kindern, so sagt man, das Leben durch die eigenen Ratschläge erleichtern – und stattdessen gibt man ihnen etwas, das ihnen nichts nützt. Güte und das Zulassen kindlicher Entdeckungswünsche; das Schaffen einer sicheren Basis und das Vorleben im Guten und im Schlechten; Selbstreflexion und gegenseitiger Respekt; die Liebe zu dem Kind, das nun vor einem steht, und die Bereitschaft, sich für das Leben der nächsten Generation aufzuopfern; die uneigennützige Gabe von allem, was man geschaffen und erreicht hat; letzten Endes das aufrechte Ertragen des Alters, ohne den Nachkommen zur Last zu fallen – das ist es, was selbst der wenig Begabte tun kann. Es kann nicht jedermanns Aufgabe sein, das physikalische Weltbild umzustürzen oder Musik zu erdenken und zu erfinden, die einmalig ist. Aber Selbstbeherrschung und Freude im Verglimmen

– das kann jeder und so den Nachkommenden Freude bereiten.
Warum dieses Buch geschrieben werden musste, hat unter anderem mit folgendem Kreislauf zu tun: Zuerst wollen die meisten etwas weitergeben, das keinen interessiert. Um doch gehört zu werden, erzeugen sie Opfer, die ihre Erkenntnisse hören müssen. Es handelt sich zumeist um Dinge, die sie selbst nicht leben konnten. Diesen unglücklichen Prozess nennt man Erziehung. Dann werden sie alt. Da sie aufs Alter nicht vorbereitet sind, suchen sie Ratgeber und werden in die Irre geführt. Statt ihnen zu raten, sich selbst immer unwichtiger zu nehmen und die anderen wichtiger, empfiehlt man ihnen, sich nun besonders ernst zu nehmen, auf ihre Gesundheit zu achten, Sport zu betreiben, weniger zu essen, sich mehr zu pflegen und allenfalls noch eine Schönheitsoperation vornehmen zu lassen. Damit rücken sie endgültig in das Zentrum ihrer eigenen Aufmerksamkeit. In diesem Zentrum ist aber nichts Neues. Leere und Unkenntnis sind zu verbergen, indem man über die Jungen schimpft, die nichts annehmen können oder wollen, was ihnen das Alter zu sagen hätte. Diese Beschimpfungen wenden sich letzten Endes gegen den Schimpfenden selbst: Es kommt zu einer Entfremdung von Kindern und Enkelkindern, die oft unumkehrbar ist. Statt die Ratschläge der Alten anzunehmen, werden die Jungen verschlossen, die Vorträge, die ihnen gehalten werden, stoßen auf absichtlich taub gemachte

Ohren, und der Ratgebende bleibt auf seinen unwichtigen Erkenntnissen sitzen. Bitterkeit und nun auch Einsamkeit sind das Ergebnis, die durch Sport und gute Ernährung angestrebte Gesundheit wird statt besser schlechter. Jetzt bleibt nur noch das Schimpfen über Umwelt, Großkonzerne und Supermärkte, bis letzten Endes einziges Vergnügen ein gelungener Stuhlgang ist. Allein, abgeschoben, nur die Friedhofsmauer vor sich, oft ohne die freudige Gewissheit, dass die Auferstehung an jenem Tag erfolgt, an dem die leibliche Hülle zurückgelassen wird, wird auf einen Tod gewartet, der keine Erlösung bringt.

Da es sich beim vorliegenden Buch um einen Ratgeber handelt, reicht es nicht zu sagen, was man nicht machen soll. Stattdessen muss eine Beratung erfolgen. Diese ist schwierig. Denn ich selbst bin kein Genie, und auch dieses Buch verspricht nicht eines zu werden, das seinen Autor überlebt und den Gang der Geschichte beeinflussen wird wie die Entdeckung der Schwerkraft oder der Masse-Energie-Formel. Was Sie aber erwarten können, sind Annäherungen: Der Fluss des Lebens verlangt immer wieder Entscheidungen. Selten sind diese endgültig. Wenn es auch stimmt, dass jede Entscheidung, jeder Moment in diesem Fluss einmalig ist, so sind Lebenswege und -entscheidungen stets Prozesse. Genau deswegen ist es die Begleitung der Kinder und Enkelkinder, die anzustreben ist.

Solange sie einen in der Nähe sein lassen, kann man mit ihnen das Leben teilen, Freude und Spaß empfinden und allenfalls durch kleine Bemerkungen eingreifen. Die Bemerkungen müssen aber genauso vorsichtig wie selten sein, sonst sind sie wertlos. Weiß man, dass Opa oder Oma immer wieder dasselbe behaupten oder beharrlich auf ihrem Standpunkt bestehen (wie guter Erziehung oder bestimmte Tischmanieren, Begrüßungsritualen etc.), so wird die Reaktion Abwehr oder Pseudoanpassung sein. Der Fluss des Lebens verlangt also geübte Paddler: Diese greifen (außer im Wettkampf) nur so ein, dass sie durch kurze Schläge mal rechts, mal links vom Boot die Richtung bestimmen, um ein Hängenbleiben an einem Felsen zu vermeiden oder das Kentern zu verhindern. Wie die Eskimorolle verlangt, dass man das Gegenteil dessen macht, was einem sein Verstand eingibt (man muss nämlich nach unten tauchen, statt an die Oberfläche zu schwimmen), so muss man in der Weitergabe der Erfahrungen manchmal paradox sein, manchmal ehrlich, selten ausschweifend, immer fröhlich und nur dann das Schlimmste verhindern, wenn es wirklich ums Leben geht. Hat sich die Tochter in einen Mann verliebt, den man aus vernünftigen Gründen ablehnen muss, so ist ein Kommentar der Ablehnung falsch. Er vertreibt die Tochter und zementiert die Beziehung. Schweigen ist da schwer, aber dringend erforderlich. Eventuell kann man eine Situation herbeiführen, in der die Tochter ihren Fehler erkennen kann. Meist ist aber auch das unmöglich und Höflichkeit besser, als die Tochter zu verlieren. Sie wird einen wieder brauchen und nur dann zu einem kommen, wenn man seine Sache gut gemacht hat.

Gleiches gilt, wenn man die Berufsentscheidungen seiner Kinder beeinflussen will. Die Schwierigkeiten beginnen aber schon früh:

Beim Kindergarten können die Eltern, so sie die finanziellen Mittel haben, oft noch allein entscheiden, wohin das Kind geht. Ab dann nimmt die Einflussmöglichkeit ab. Und zwar rapid. Die Wahl der Volksschule, die ein Kind trifft, ist selten rational – Freunde bestimmen diese Entscheidung viel mehr mit, als die Entfernung, die Eltern, die Art der Schule oder der Typus. Und erst bei der weiterführenden Schule ... Beim Beruf ist es sowieso vorbei. Stabile Gesellschaften zeichnen sich dadurch aus, dass das Kind den Beruf der Eltern übernimmt und am besten auch noch das Haus. Solche Gesellschaften treten historisch immer wieder auf, in Europa zuletzt im Mittelalter. Seit das Bürgertum existiert, hat es den Begriff der Individualität geprägt und versucht, ihn zu leben: Er enthält die Forderung an das Kind, seine eigenen Qualitäten zu entwickeln, und an die Eltern, diese zu fördern. Es geht mehr um das, was das Kind will (und kann), als darum, was man selbst von dem Kind will. Daher sind die Wünsche der Eltern, ihren

Beruf und ihr Anwesen weiterzugeben, längst nicht mehr das Thema. Dieser Widerspruch führt bis heute in Familienunternehmen zu Streit: Einerseits wollen die Eltern ihren Besitz und damit ihren Beruf ihren Kindern übertragen, andererseits haben sie die Qualitäten des Kindes zu entwickeln. Lediglich der Bauern- und der Adelsstand zeigen manchmal noch die Beharrlichkeit des Vererbens und der unmittelbaren Nachfolge.

Was von diesen zwei Ständen (eine Bezeichnung, die eigentlich bei der Veränderung vom Standes- zum allgemeinen Wahlrecht in Österreich, also nach der bürgerlichen Revolution 1918, obsolet geworden ist) für die Frage des Weitergebens zu lernen ist, liest sich wie folgt:

* Die Weitergabe von gesellschaftlichen Regeln ist eine dauerhafte Aufgabe. Sie findet tagtäglich bei jedem Familienessen statt. Die Umgangsformen und der Respekt, den die Kinder ihren Eltern und anderen Verwandten entgegenbringen, ist eine tägliche Übung, die – wenn sie funktioniert – zu einem Erziehungsergebnis führt, das alle in der Gruppe Gleichartiger Befindliche ohne Worte ausweist. So hat die Republik Österreich noch bis vor wenigen Jahren ausschließlich Adelige im Außenamt angestellt. Die einzige Ausnahme waren Schüler des Theresianums, die dann Jurisprudenz studierten, anschließend die diplomatische Akademie machten und so geprägt wurden, dass man auch sie anhand ihrer Tischma-

nieren als dem Adel zugehörig bezeichnen konnte. Früher erzählte man in Wien, dass beim Essen im Theresianum den Schülern Bücher unter die Arme gesteckt wurden, damit sie lernten, die Ellbogen beim Schneiden am Körper zu halten. So viel dürfte sich nicht geändert haben, denn das Theresianistenkränzchen, das für Absolventen im Haus der Industrie am Schwarzenbergplatz abgehalten wird, hat als Bekleidungsvorschrift nach wie vor den Frack, weshalb die Theresianisten leicht daran zu erkennen sind, dass sie zu den Letzten gehören, die einen Paletot und einen Chapeau claque ihr Eigen nennen.

- Wie Albert Einstein in seinen Aphorismen sagt (und er ist nicht der einzige, aber der Unverblümteste, weil ausgewiesenermaßen kein Fachmann), besteht Erziehung und somit Weitergabe von Lebensregeln vor allem im Vorleben. Vorleben bedeutet, dass man das, was man für wichtig hält, selbst lebt. Während diese Zeilen entstehen, sitzen meine Frau und ich mit einem Laptop am Schoß im Hof des gemieteten Hauses in Ischia, nach einem kleinen italienischen Frühstück und dem morgendlichen Sport und Schwimmen, und unterstützen meinen jüngsten Sohn, der für seine Nachprüfungen lernt. Wir arbeiten ein wenig und er auch. Fänden wir Arbeit unwichtig, würden wir das nicht machen. Ich fühle mich besser, wenn ich schreibe, meine Frau, wenn sie an einer musikalischen Inszenierung arbeitet. Er beobachtet uns, während wir ihn beobachten. Er schaut, wie viele Zeilen ich pro Minute schreibe, und ich beobachte ihn, während er sich mit seinen französischen Texten quält. Er gähnt. Ich habe meinen Vormittagsschlaf hinter mir, er beobachtet, was ich danach mache.

• Vorleben heißt, dass man sich so inszeniert, dass man nicht erschüttert ist, wenn man in sein Spiegelbild schaut. Eltern, die eine Zigarette nach der anderen rauchen, riskieren mit großer Wahrscheinlichkeit, dass ihre Kinder selbst zu Rauchern werden. Aus dem Fenster des Kinderspitals, in dem ich arbeite, sehe ich Mütter, die mit ihren Vorschulkindern die Ambulanz verlassen und zum Parkplatz gehen. Viele haben in der rechten Hand eine Zigarette, die sie sich gleich nach dem Verlassen des Spitals angezündet haben, und in der anderen Hand ihr Mobiltelefon. Sie berichten zum Beispiel ihrem Mann oder ihrer Mutter, was der Arzt gesagt hat und dass sie jetzt zur Apotheke fahren. Alles unnötig. Die Kinder laufen oft vor. Sie sind froh, wieder aus dem Spital entkommen zu sein und ihre Angst hinter sich zu lassen. Nun rufen die Mütter: „Pass auf, die Autos!" Was erwarten diese Mütter als Erziehungsergebnis? Manchmal schreien sie auch mit ihren Kindern, weil diese laufen und nicht auf den ungeregelten Verkehr achten. Erziehung als Schreien und nicht als Vorleben kann nicht gelingen. Die Kinder erkennen die Differenz zwischen den Worten und dem Verhalten und werden eher das Verhalten imitieren, als die Worte befolgen. Daher werden voraussichtlich Erwachsene herangezogen, die ebenso die Klinik verlassen werden, und diese werden ihren Kindern wieder dasselbe weitergeben.

* Es ist unbekannt, wann Kinder und Kindeskinder Inhalte aufnehmen können, die man weitergeben will. Manche behaupten, dass Erziehung spätestens mit fünf Jahren abgeschlossen ist. Sie teilen das so ein: Durch die Partnerwahl und damit das genetische Material sind bereits über 90 Prozent definiert. Dann kommen in der Kindheit bis zum dritten Lebensjahr noch die einfachen Regeln der Gesellschaft hinzu wie zum Beispiel, dass Stuhlgang ein privates Erlebnis ist. Und danach wird das Kind kindergartenreif und findet sich in seinen ersten sozialen Bezügen. Was bis dahin an Verhaltensweisen und Lebensauffassungen nicht weitergegeben wurde, dem geben Forscher wenig Chancen, zu integralen Bestandteilen des Lebens der Nachkommen zu werden. Das Wenige, was dann noch die Nachkommen prägt, wird durch Stimmungen vermittelt.

Der Vater einer Freundin von mir konnte die Stimmung rund um sich so gestalten, dass alle Männer (mich eine gewisse Zeit eingeschlossen, bis mir Paul Watzlawicks Buch rausgeholfen hat) sich ihm gegenüber minderwertig fühlten. Er war immer der Ordentlichste, Genaueste, Pünktlichste und somit unüberwindbar. Alle anderen waren im Vergleich zu ihm Versager. Die Ausbeute war katastrophal: Sein Sohn hatte sein Leben nicht im Griff, sein Enkerl detto. Zwei seiner Nachkommen begingen in jungen Jahren Selbstmord. Er war und ist unschuldig. Er war einfach zu gut, und erst, als es auf die Hundert zuging, wurde er gütig. Er hat seine Standards zwar weitergegeben, aber so, dass sie unerreichbar waren und zum Versagen führten.

Fazit: Will man weitergeben, dann indem man das Richtige vorlebt. Und indem man früh genug damit beginnt. Wenn man das Ende näherkommen sieht, ist es zu spät. Keiner hört mehr zu oder wenn, dann nur aus Höflichkeit. Man selbst hat den Druck, dass alles, was man jetzt nicht sagt, nie mehr gesagt werden kann.

In dem Film „Rückkehr der Bestien" wird eine ehemalige Jugendgruppe aus der Studentenrevolte der 68er-Jahre gezeigt, die nun um das Bett eines der ihren versammelt ist, der an Krebs stirbt. Die Gleichaltrigen sind noch ihren Jugendriten und -erkenntnissen verhaftet und begegnen einander mit den Idealen ihrer gemeinsamen Jugend. Der Sohn des Kranken ist ein reicher Börsenmakler geworden, dem die Reden der Freunde seines Vaters völlig fremd sind. Er mietet den stillgelegten Trakt des Spitals, lässt dort eine Küche einbauen, den Vater leben und behandeln und führt seine Geschäfte per Internet weiter. Alle Untersuchungen und Behandlungen, die doch noch helfen könnten, zahlt und organisiert er. Nur mit dem Vater zu sprechen, der zum ersten Mal die Macht des Geldes aus nächster Nähe erlebt und dabei Stolz empfindet, schafft er nicht. Als klar wird, dass das Sterben unausweichlich ist und Schmerzen zu erwarten sind, kommt die Tochter, die drogenkrank war, ins Spiel. Sie besorgt, noch bevor die Ärzte es verordnen, Opium am freien Markt, lernt dabei auch einen Kriminalkommissar kennen, der ihr hilft, und spritzt ihrem Vater genügend von der Erleichterung verschaffenden Droge. Vater und Tochter machen sich aus, dass sie ihm auch Sterbehilfe geben wird, wenn es so weit ist. Berührende Momente außerordentlicher Kinderliebe. Beide Kinder haben mit den Sätzen, die die ehemalige Jugendlichengruppe des Vaters zusammenhalten, wenig zu tun. Was sie verstanden haben und leben, ist einfache Kinderliebe, die sich jenseits von Worten und Parolen bewegt und zeigt.

Inzwischen versucht mein Sohn, sich das Kiefergelenk auszukegeln, während er Französisch lernt. Lächelnd schaue ich ihm dabei zu. Helle Momente streifen ihn. Manchmal schaut er auf meinen Bildschirm, und in mir keimt die sinnlose Hoffnung, dass er dieses Buch lesen wird. Was wir aneinander lernen, ist, dass geistige Beschäftigung immer Freude macht und dumm bleiben keine. So unterstützen wir uns gegenseitig wortlos und gähnend.

„Alles, was einem letzten Endes bleibt, ist die Familie."
Großmutter Millie

Warum sterben Männer früher als Frauen?

In einem Supermarkt in Graz: Ein älterer soignierter Herr und seine Gattin kaufen fürs Wochenende ein. Der Filialleiter, der den Herren offensichtlich von früher kennt, berät die beiden. Er bietet Spargel an. Dieser komme aus Spanien und sei heute im Angebot. „Spargel könnt' ma doch machen!", ruft der Mann seiner Frau zu. Diese ist an seiner Einmischung offensichtlich nicht interessiert. Sie scheint andere Vorstellungen zu haben oder mag einfach diese Einmischung nicht. Sie versteht jedoch, dass sie sich den Männern zuwenden muss, und lässt sich dazu herab, den Spargel zu begutachten. Der Filialeiter hat inzwischen das Angebot erweitert und darauf hingewiesen, dass die Bechamelsauce im Päckchen fertig vorbereitet angeboten wird. Die Frau nimmt inzwischen die Banderole vom Spargel und sieht, dass er am Stiel gefault ist. Sie schüttelt den Kopf. Der Filialleiter gibt zu bedenken, dass man die Stile abschneiden kann. Sie schüttelt den Kopf noch intensiver: „Willst du diesen Spargel kochen und essen? Wenn ja, dann kaufe ich ihn!“, sagt sie zu ihrem Mann. Der fühlt sich beschämt, schaut den Filialleiter vernichtend an und setzt seinen Gang im Geschäft fort. Er geht hinter seiner Frau nach, schiebt den Einkaufswagen. Die Autoritätsverhältnisse sind wieder hergestellt.

Der Mann hat sich in etwas eingemischt, von dem er nichts versteht. In Koalition mit einem anderen Mann, den er vielleicht von früher kannte und der mit ihm zusammenarbeiten wollte. Seine Mechanismen funktionierten auf der Mann-Mann-Ebene. Allerdings waren seine Kenntnisse für den Bereich, in dem er sie einsetzte, unpassend. Er war auf diese Situation nicht vorbereitet und konnte sich daher nur lächerlich machen. Es gab auch wenig Bereitschaft von seiner Frau, ihn in diesem Bereich zum Arbeitspartner zu machen. Seine Frau hatte schließlich keinen Anlass, ihr Leben zu verändern. Sie war immer Hausfrau gewesen und ist das auch geblieben. Sie hat eher noch eine neue Aufgabe dazubekommen, nämlich ihren Mann zu betreuen. Dieser weiß nichts mit sich anzufangen. Sicher, er kann seine Freunde und ehemaligen Arbeitskollegen besuchen und sich manchmal auch mit ihnen treffen. Er hat aber keinen Bereich, in dem er sich wichtig fühlen kann und in dem er einen Zweck für sein Leben entdeckt. Und um diese „Unnützlichkeit“ geht es!

Männer werden ihr ganzes Leben weniger krank als Frauen. Seit der Besiegung der Infektionskrankheiten sind diese für Männer, die durch die Verletzungen der Arbeit und des Kampfes immer eher von Infektionen bedroht waren als Frauen, keine Thema mehr. Man nimmt nun an, dass das männliche Gen einen früheren Tod programmiert hätte, weil Männer früher als Frauen ihre genetisch bedeutsamen Aufgaben der Vermehrung und der Aufzucht erledigt hätten. Weiters wird behauptet, dass Männer mehr Alkohol trinken, mehr rauchen und früher fett werden: Das alles ist angeblich an ihrer geringeren Lebenserwartung schuld. Aus dem Umstand, dass Männer, selbst bis sie sechzig Jahre alt werden, weniger oft zum Arzt gehen und auch seltener krank sind als Frauen, wird ihnen auch noch ein Strick gedreht: Man sagt, dass ihre geringe Teilnahme an Gesundenuntersuchungen und der fortwährende Versuch, Beschwerden zu ignorieren oder mit ihnen selbst fertig zu werden, zu ihrer kürzeren Lebenserwartung beiträgt. Also wäre das Rezept für Männer: früher zum Arzt, Gesundenuntersuchungen und (Prostata-)Krebsvorsorge, Schlankbleiben und allenfalls die Einnahme von Medikamenten gegen Bluthochdruck und Fettstoffwechselstörungen – und schon verringert sich der Unterschied in der Lebenserwartung zwischen Mann und Frau. Sicher ein gutes Geschäft für die Medizin und die Pharmazeutik.

Auf der anderen Seite stehen da die Frauen, die selbst im Alter noch eine Fülle von Lebensaufgaben wahrnehmen und sich diese auch nicht wegnehmen lassen. Das Leben des Mannes ist üblicherweise mehr nach außen orientiert ist, ein öffentliches Leben also, dessen er im Alter durch Pensionierung etc. zunehmend beraubt wird, jetzt muss er sich nach innen orientieren, wo weder Platz für ihn ist noch er die entsprechenden Fähigkeiten entwickelt hat.

Von der Altersforschung werden Regeln und Konzepte angeboten, die zu gesünderem und besserem Leben führen sollen. Aber diese Konzepte gehen am Wesentlichen vorbei. Es geht sicher um Beweglichkeit, Schlanksein und Nichtrauchen. Vor allem aber geht es darum, sich nützlich zu fühlen, gebraucht zu werden, seinen Beitrag zu leisten. Und das erklärt meiner Meinung nach auch den Unterschied in der Lebenserwartung zwischen Frauen und Männern.

Urlaubsszenen: Franziska ist mit ihrer Tochter Sabine, 22 Monate alt, und ihren Eltern auf Urlaub gefahren. Sabine hat die Art der Kontaktaufnahme von ihrer Mutter geerbt. Manche vermuten, dass sie sie vom Großvater hat. Jedenfalls versucht Sabine bei jedem, den sie trifft, zuerst einmal zu erkunden, ob er auch „Aua“ hat. Sie tritt ihn oder schlägt ihm aufs

Schienbein oder mit dem Kopf gegen die Brust. Der Großvater, Emil, hat sich deswegen von dem Kind zurückgezogen. Er will das Kind nicht verletzen und – da es keine andere Art der Begegnung gibt – sich auch nicht verletzen lassen. So zieht er sich zurück und sieht das Kind eher von der Ferne. Das Kind merkt das. Erste Berührungspunkte ergeben sich, als die Mutter, also Emils Tochter, zulässt, dass Emil Sabine Zucker mit einem Löffel füttert. Es ist die einzige „Mehlspeise", die Sabine derzeit isst. Bei einer der Mahlzeiten im Restaurant will Sabine vor der Mahlzeit Eis. Emil bringt es ihr, obwohl er weiß, dass seine Tochter Franziska das nicht so gerne sieht. Sie hat doch erzählt, dass Sabine immer gern Eis isst und dass sie ihr das verbieten muss, weil sie sonst nichts anderes mehr isst. Aber in diesem Fall kommt es anders. Sabine isst das Eis als Vorspeise, und Emil freut sich. Franziska beschließt, ihre Essensregeln für den Urlaub fallen zu lassen. Das fällt ihr schwer genug. Alle anderen Familienmitglieder wissen, dass Sabine eine schlechte Esserin ist und dass sie mehr wiegen sollte. Franziska muss daher über ihren eigenen Schatten springen und hofft, dass man ihr nicht immer sagen wird, dass sie dem Kind zu wenig zum Essen gibt. Sie freut sich, dass ihr Kind in dem Urlaub zunimmt und weiß, dass sie Urlaubssituationen wie diese nach der Rückkunft nicht in den Alltag integrieren wird.

Bei einem der vielen Essen in dem Hotelrestaurant, als Emil gerade allen einschenkt und zu diesem Zweck aufsteht, kommt Sabine und steigt ihm fest auf den Fuß. Emil ist nicht in Stimmung. Er sagt: „Aua!" Sabine steigt noch einmal auf Emils Fuß. Jetzt reicht es Emil, und nun steigt er Sabine auf den Fuß. Nun sagt sie, fast schreiend: „Aua!" Emil lässt seinen Fuß, wo er ist. Sabine versucht zu entkommen und fällt. Sofort springt Franziska auf, um ihrem schreienden Kind zu helfen. Aber diesmal will Emil das Spiel selbst beenden. Er sagt: „Danke, Franziska, ich komme schon zurecht." Er wartet ein paar Sekunden, dann hilft er Sabine auf. Franziska ist empört: „Ihr geht mir Beide auf die Nerven!", sagt sie zornig. Emil ist betroffen, Sabine weint, die Stimmung am Tisch ist verdorben. Hätte er als alter Mann nicht anders, vernünftiger reagieren sollen, so fragt er sich? Hätte er nicht besonnener sein müssen? Innerlich hört er seine eigene Stimme, die ihn daran erinnert, dass Franziska auch einmal so gewesen ist.

Ab diesem Zeitpunkt spricht Sabine Emil an. Sie nimmt ihn wahr und scheint sogar so etwas wie Respekt ihm gegenüber zu empfinden. Wenige Tage später legt sie sich sogar zu ihm auf die Sonnenliege. Auch Emil ist entspannter. Beide scheinen nun zu wissen, dass sie dem anderen wehtun können. Sabine, obwohl erst 22 Monate alt, kann verstehen, dass Emil nicht nur zum Schlagen gut ist, und sie kann so ihre Beziehung zu ihm anders gestalten. Emil seinerseits muss sich in die Rolle eines Opas fügen, lernen, dass er eine andere Beziehung zu seiner Enkelin eingegangen ist. Sabine hat einen neuen Bezugspartner kennengelernt, der seine Vorstellungen und Regeln hat und mit dem sie sich selbst besser kennenlernen kann. Beiden wird klar, dass sie von nun an nicht mehr auseinander können. Der Opa bleibt der Opa, die Enkelin bleibt die Enkelin, selbst wenn die Beziehung zwischen den beiden scheitern sollten, wie das vorkommt. Oft werden Beziehungen nicht mehr gelebt, aber sie bleiben dennoch bestehen, loslassen geht nicht.

Selbst wenn man annimmt, dass der Sinn des Lebens in der Fortpflanzung liegt (wofür vieles spricht, auch wenn Philosophen meinen, dass er im Schlaf und in der Hoffnung liegt und Immanuel Kant hinzufügt, dass man auch auf den Humor nicht vergessen darf), so ist Wachheit in den Beziehungen zu seinen Nachkommen auch über die Kindergeneration hinaus wichtig. Jede weitere Generation stellt einen vor neue Aufgaben: Zuerst wird man durch die eigenen Kinder aus einem freien Menschen zu jemandem, der sie vor Sorge um ihr Wohlergehen jedes Mal vor Augen sieht, wenn er selbige schließen möchte. Kommen dann die Enkelkinder, ist der Schritt der Anpassung an den Rollenwechsel vom Eltern- zum Großelterndasein anstrengend. Und es muss wiederum um die Beziehungen zu den Enkelkindern gerungen werden. Das geht nicht ohne Mühen ab, wie in jeder Beziehung warten auch hier Anstrengungen und Kränkungen auf einen. Man sollte mit beiden Eltern des Enkelkindes gut sein, deren Ansprüche respektieren, sich Vorschriften machen lassen, wie und was man mit dem Kind machen darf. Geduldig ertragen, wenn die eigene Kompetenz, mit den Enkelkindern umzugehen, in Zweifel gezogen wird. Und letzten Endes dann noch eine eigenständige Beziehung zu den Enkelkindern aufbauen und beibehalten. Der Vielgestaltigkeit dieser Ansprüche ist schwer zu genügen: Mal wird von den eigenen Kindern, die nun zu Eltern wurden, geklagt, dass man deren Erziehungsstil nicht berücksichtige, sondern das Kind verwöhne. Seltener das Gegenteil. Mal findet man Großeltern, die das Kind, das doch offensichtlich nicht das ihre ist, zu demselben erklären und sich Kämpfen um die Zuständigkeit für das Kind hingeben. Für den Kinderarzt sind sie daran zu erkennen, dass sie das Kind ins Spital begleiten und noch mehr als die Eltern in Sorge sind, das Kind mit Kosenamen überschütten und leider allzu oft Versprechungen machen (wie: „Das tut jetzt nicht weh!"), die nicht einzuhalten sind.

Als ich begann, mich mit dem Thema dieses Buches auseinanderzusetzen, dachte ich, dass es ums Loslassen gehen muss. Dass die anderen Bücher, die Gesundheitsregeln vorschreiben, schon deswegen falsch sind, weil sie das Anhaften am Leben propagieren. Dass sie die Menschen einem Diätwahn aussetzen, der letzten Endes ihr Sterben und die Vorbereitung darauf im Sinne einer freudig loslassenden Pension erschwert. Das mag alles stimmen. Bei allen diesen richtigen Überlegungen könnte man aber vergessen, dass das Leben und sein Fortgang nur deswegen anstrebenswert sind, weil man neue Herausforderungen sieht, ihnen begegnet und sie annimmt. Emil stellt sich der Herausforderung. Er hat es gut, Sabine ist nicht sein einziger Lebensinhalt, und er muss mit Franziska nicht um die Elternschaft kämpfen. Wie viele Großeltern aber haben keinen anderen Sinn im Leben und verlegen sich ganz auf die Betreuung ihrer Enkelkinder. Oder betreuen ihre Enkelkinder einige Jahre, bis sie zum Beispiel in den Kindergarten kommen. Dann haben sie eine so starke Bindung aufgebaut, dass sie in „Elternkonkurrenz" kommen. Jetzt wird mit den eigenen Kindern diskutiert, wer die besseren Eltern sind, plötzlich wird über Elternschaft und Lebenssinn diskutiert. Geradezu amüsant werden diese Diskussion dann, wenn Eltern für ihr Kind nicht sorgen können, weil sie etwa alkohol- oder drogenkrank sind, und die Großeltern „offiziell" die Rolle der Eltern für ihre Enkelkinder übernehmen. Sie haben dann den Wunsch oder sind sogar der Überzeugung, bei ihren Enkelkindern alles besser zu machen, als sie es bei ihren Kindern gemacht haben. Dafür fehlt oft jede Grundlage, aber die Großeltern lassen nicht nach ...

Elternsein und für jemanden sorgen ist lebenserfüllend. Es erspart einem daher vorerst die weitere Sinnsuche. Insofern ist schwer davon zu lassen, und da der Nachwuchs die einzige Antwort auf die Sterblichkeit ist, kann man sich nicht so verhalten, als würde einen das nicht interessieren. Man muss sich in dem Kind wiederfinden. Da es außerdem Schutz benötigt und Beziehung wünscht, verleitet es die Erwachsenen, sich um das Kind zu kümmern. Das ist vor einem selbst und den anderen gut zu vertreten und macht Spaß. Dass man sich dadurch auch gleich Sinn stiftet und schon deshalb nicht loslassen kann (ganz zu schweigen von dem Misstrauen, dass man seinen eigenen Kindern entgegenbringen kann), ist schwer einzugestehen. Sonst müsste jeder Tierhalter jenseits des Alters, in dem er oder sie selbst schutzbedürftige Kinder hatte, zugeben, dass die Sorgen um das Haustier die Sinnsuche erspart. Aber ohne wirkliche Sinnsuche geht es (fast) nicht. Diese anscheinend auf den Menschen beschränkte Eigenschaft und Last muss sonst kein Tier tragen. Denn der Kampf ums Dasein füllt die Tiere aus. Schlafen, Essen und um dieses Essen kämpfen reicht, um das Leben zu erfüllen. Das Tier findet seinen Sinn in sich selbst.

Nicht so der Mensch. Die von mir lange vehement verteidigte Idee der langsamen Landung, des Sinkflugs, funktioniert nicht. Es ist komisch, dass diese Art der Lebensgestaltung fast unmöglich ist. Sie ist im

Bauplan der Natur nicht vorgesehen, in dem der Kampf ums Überleben die Bedingung allen Lebens ist. Das Naturgesetz schlechthin, das „survival of the fittest“, bedeutet nicht nur, dass das stärkste Männchen das Weibchen bekommt und sich daher seine Gene durchgesetzt haben und weiter verbreitet werden, es bedeutet auch, dass es nur starke Alte geben kann – oder keine. Lesen Sie im folgenden Kapitel über die verschiedenen Arten, alt zu werden, und entscheiden Sie selbst, welche Ihnen am besten zu Gesicht steht.

„So wenig Zeit und noch so viel zu tun.“
Ernst Klee

Schlafen kann man bis zum Ende der Ewigkeit

Graz, Karmeliterplatz. Als ich ihn einmal mit meinem 64 Jahre alten Chef überquerte, sprach ich meine Studien an. „Ich habe mich von der Uni verlängern lassen“, sagte er. „Ich kann noch bis 67 arbeiten.“ Ich gratulierte, vor allem, weil das Wahlergebnis im zuständigen Senat so eindeutig zu seinen Gunsten ausgefallen ist. „Und was wirst du dann machen?“, fragte ich. „Lass mich doch ein bisschen verdrängen“, sagte er lachend.

Ruhestand hat für viele Menschen etwas Beängstigendes, viele kommen damit schlecht zurecht. Und doch wird dem Ruhestand vor allem in Europa große Bedeutung zugemessen, er war immer eine europäische Idee und ist das auch geblieben. Die Römer hatten in Bezug auf das Älterwerden die Vorstellung, dass man seiner öffentlichen Ämter beraubt wurde und haben dieses

Berauben „privare“ genannt. Privatheit, die bei uns positiv besetzt ist, war bei den Römern das Ergebnis einer Beraubung, eines Verlusts. Der Rückzug ins Private war ein Rückzug in die Unbedeutendheit. Daher gibt es in vielen Ländern diesen Rückzug nicht, und die Menschen bleiben, wenn es gut geht, immer bedeutend. In vielen Kulturen haben die Alten einen besonderen Stellenwert und bestimmen im Ältestenrat das Leben der Jungen.

Die mitteleuropäische Lebensform der Pension gibt es weder in den USA noch in Südostasien. In den USA bleiben die Menschen oft bis ins hohe Alter in ihrem Job, und wenn sie ihn verlieren, erleben sie das durchaus als Beraubung und engagieren sich zum Beispiel in Sozialinitiativen. In dem Roman „Schmidt“, der mit Jack Nickolson verfilmt wurde, zeigen sowohl der Buchautor als auch der Filmregisseur, dass Schmidt mit seinem Ruhestand nichts anfangen kann. Versucht Schmidt im Buch ein Verhältnis mit der Kellnerin seines Restaurants, so hat er im Film einen Unfall, der die nicht vorhandene Beziehung zu seiner Tochter zeigt und seine Unfähigkeit, mit dem „unendlichen Privatleben“ umzugehen.

In einem Restaurant an einem sehr schönen italienischen Strand kommt ein Mann mit seiner Frau zum Morgenkaffee. Er trinkt keinen Kaffee. Er begleitet seine Frau, die an der Bar stehend den Mokka einnimmt.

Er schaut gut aus, vielleicht Ende sechzig, Anfang siebzig. Ein kleiner Bauch spannt das hellblaue Pololeibchen an, das er über der weißen Short trägt. Er hat einen Rucksack mit. Mit seinen anatomisch geformten Fussbett-Flip-flops schlurft er auf dem Fliesenboden herum. Kurz spricht ihn der Restaurantbesitzer, ein drahtiger Vierzigjähriger an. Der Mann lacht. Er freut sich und bleckt die Zähne. Die Frau hat ausgetrunken, der Mann folgt ihr an den Strand. Es ist heiß. Er ist nicht müde.

In einem Artikel über Urlaub habe ich vor Jahren die Situation vor allem der Männer beschrieben, die gesund und munter morgens an den Strand kommen und angstvoll die Liegen anschauen, die nun für acht Stunden ihr Gefängnis werden. Sie wollen sich nicht hinlegen, nicht rasten, ihr Kopf, ihre Spannkraft ist auf Arbeit, körperliche Tätigkeit und Kampf ausgerichtet. Sie nehmen auch nicht an, dass sie schöner werden, wenn sie ihre Körper dem unbarmherzigen Sonnenlicht des Südens aussetzen, und im Grunde wissen sie, dass sie ihrer Haut damit schaden werden. Aber ihre Treue und Freude zu und an ihren Frauen zwingt sie zur Teilnahme an einer Form der Schönheitsarbeit. Damals habe ich die Situation des soeben beschriebenen Mannes noch nicht berücksichtigt. Denn er weiß, dass ihn auch im sogenannten Nicht-Urlaub nichts anderes erwartet. Er weiß, dass er unnötig geworden ist und seine schönen, vielleicht etwas runzelig gewordenen Finger, die auf die Platte der noch nicht gedeckten Büfetts klopfen, haben hier und dort keinen Gegenstand mehr, der von ihnen angefasst werden muss. Seine Unruhe hat keinen Ausweg mehr und sein Gefängnis keine Türe.

Während ich in Italien an dem Strand, an dem sich eben Beschriebenes zutrug, auf Urlaub bin, erfahre ich, dass meine 85-jährige Mutter jeden Tag meinen Sohn und meine Stieftochter anruft und sie fragt, ob sie zum Essen kommen wollen. Die beiden versorgen sich seit Jahren allein. Er ist 18 Jahre alt und Zivildiener, sie 23 und studiert Medizin. Beide freuen sich über diese Anrufe und gehen gern zu ihrer Großmutter essen. Meine Mutter muss täglich einkaufen gehen und stöhnt über die Hitze. Aber sie freut sich, dass beide Kinder kommen, und kocht gern für sie. Die Küche meiner Mutter ist wenig abwechslungsreich, aber es wird täglich frisch kocht, und daher schmeckt alles viel besser als im Restaurant. Das Wichtigste für meine Mutter aber ist: Sie ist nicht allein, trifft ihre Enkelkinder, kann Erlebnisse besprechen. Das Kochen für ihre Enkelkinder ist ihre Art, Kommunikation einzufordern, die ohne Esseneinladung immer etwas Gezwungenes hätte.

In der Tat leidet meine Mama seit ihrer Pensionierung mehr und mehr unter ihrem Unnötig-geworden-Sein, das sie so nicht wollte. Schicksalsschläge und die zunehmende Schwäche haben sie dorthin gebracht, wo sie heute ist. Sie verfolgt die Welt weiterhin mit

Interesse und hat eindeutige politische Meinungen. Leider bestärken diese sie immer wieder in ihrer Entscheidung, nicht aktiv an der Politik teilnehmen zu wollen. Sie hat ihr ganzes Leben im Geschäft verbracht, aber ihr größtes Interesse war immer die Familie. Das hat sie so gehalten und so will sie es auch weiter machen. Gerne nimmt sie am Leben ihrer Kinder und Kindeskinder teil, und dass sie nun ein Urenkel hat, freut sie besonders. Aber sie fürchtet den Sommer, der zu Hitze und noch mehr Nutzlosigkeit führt.

Ein pensionierter Lehrer kommt zu mir ins Büro. Er hatte sich entschlossen, mit 61 Jahren in Rente zu gehen. Vorher hatte er Rückenschmerzen, wollte eine Kur bekommen, musste zum Orthopäden. Der bot ihm an, ihn osteopathisch zu behandeln. Die Schmerzen, die sich daraufhin einstellten, waren so schlimm, dass er letzten Endes zur Schmerztherapie stationär psychiatrisch behandelt werden musste. Nun hat er viel Zeit. Sein Hobby war immer die Oper gewesen. Er hatte für sich einen slowakischen Tenor entdeckt, den er auf dessen Höhenflug bis Mailand, Wien, Rom und New York begleitete. Er verfolgte dessen Auftritte als Turridu und als Bajazzo, er kennt die Intonation des „Vesti la giubba" dieses Tenors auswendig. Heute glaubt er, dass seine Eltern für seine fast manische Begeisterung für Oper verantwortlich sind und dass er sich besser auch mit anderen Dingen beschäftigen hätte sollen. Er leidet unter Depressionen und wird medikamentös behandelt. Vor einiger Zeit bemerkte er, dass es ihm wichtig war, seiner Frau jeden Tag Freude zu bereiten. Jeden Tag kaufte er Blumen für sie, ging frühmorgens zum Markt, um frisches Obst für sie zu besorgen, etc. Nach einigen Monaten teilte ihm seine Frau mit, dass sie nach all den Jahren der Vernachlässigung diese Anerkennungen nun auch nicht mehr brauche, es sei zu spät dafür. Endlose Diskussionen waren die Folge, die auch zu keiner Annäherung führten. Jetzt hat er zwei Freundinnen, aber beide Beziehungen sind nur Spiel und füllen seinen Tag nicht aus. Es geht ihm schlecht. Sein einziges Hobby neben der Oper, nämlich das Herumspielen mit Video- und Tongeräten, das ihm immer viel Spaß gemacht hat, wird schal. Er hat zu viel Zeit, sagt er. Und keiner braucht ihn. Wozu dann? Das ist die Frage, die er sich jeden Tag aufs Neue stellt. Nein, an Selbstmord denkt er nicht. Das würde er weder seiner Tochter noch seiner Frau antun wollen. Und außerdem ist er neugierig, neugierig auf sein Leben. Aber auf welches Leben?

Heute gehen immer mehr Menschen, vor allem solche, die mit einer schlechten Versorgung in eine Art Frührente geschickt werden (wie in Deutschland zum Beispiel nach der Regelung des Hartz IV) auf Wanderschaft. Nach dem Motto der Bremer Stadtmusikanten, „Etwas Besseres als den Tod werden wir überall finden", machen sie sich auf und suchen neue Herausforderungen. In manchen deutschen Fernsehsendern sind ihnen eigene Sendungen gewidmet. Expatriats heißen sie und sie verwenden ihre in Deutschland erworbenen Kenntnisse zum Beispiel als Elektroniker oder Installateur in einem anderen Land. Natürlich haben sie viele Probleme: Das Essen schmeckt anders, die Freunde sind weg, Kindheits- und Jugendbeziehungen sind zumindest gelockert. Sie sind allein, und es fällt ihnen oft schwer, Anschluss zu finden. Aber das Überdenken der Alternative bestätigt sie jeden Tag aufs Neue: Am Existenzminimum und ohne Sinn und Tagesstruktur in Deutschland zu leben, das wollten sie nicht. Sie hatten den Mut, das abzulehnen und neue Wege zu gehen.

Europa hat noch keine gesellschaftliche Antwort auf das Älterwerden. Der Durchschnittseuropäer macht bis 26 seine Ausbildung und arbeitet dann dreißig Jahre lang, um weitere dreißig Jahre auf sein Ableben zu warten. Mit dieser Drittelteilung seines Lebens muss er oder sie vor allem Müßiggang lernen. Nach einer langen Zeit der Ausbildung und einer kurzen, in der die Lebensaufgaben des westlichen Individuums zu erfüllen sind, nämlich Haus- und Familienbau, Karriere und Vollendung der beruflichen und privaten Ziele, kommt eine gleich lange Zeitspanne, in der er oder sie nichts tun muss oder darf und zurückblicken soll auf Erinnerungen, die leicht in einem Jahr aufgearbeitet wären. So versteht es sich von selbst, dass Klubs und Initiativen aller Art bedeutend werden, die allerdings in Europa noch nicht denselben Stellenwert haben wie zum Beispiel in den USA: Wie eingangs bereits erwähnt, ruhen dort fast der gesamte Sozialsektor, die Nachbarschaftshilfe und die Versorgung der gesellschaftlich benachteiligten Schichten auf dem Rücken der älteren Bürger. Finanzielle Förderungen aller Arten und die Möglichkeit, entweder Steuern zu zahlen oder anderen Menschen zu helfen, bereiten den Weg zu einer sinnvollen Beschäftigung und ermöglichen alten und jungen Bürgern, anständiger zu leben. Zweifellos haben auch die USA nicht alle Probleme des Älterwerdens gelöst, aber durch den respektlosen Umgang mit dem vermeintlichen Ruhebedürfnis der alten Menschen kommen Letztere in der Gesellschaft mehr vor.

Historisch gesehen lohnt es, einen Blick auf die Einrichtung des römischen Senats zu werfen: Dieser Ältestenrat – so die Übersetzung – hatte die Aufgabe, die letztgültigen Entscheidungen zu Krieg und Frieden, zu den Konzepten des Staates und der Ernennung der Konsuln zu treffen. Er ist dem heutigen Aufsichtsrat vergleichbar. Eine sinnvolle Einrichtung, die den Älteren Mitbestimmung aufgrund ihrer Erfahrungen einräumt und den Jüngeren die Möglichkeit gibt, besser beraten zu werden. Es ist wie eine Allegorie auf eine Form des Zusammenlebens zwischen Jung und Alt. Insofern wäre es sinnvoll, wenn alle Bereiche der Gesellschaft davon erfasst wären. Dem ist aber leider nicht so. Weder gibt es so viele Aufsichtsräte wie alte Menschen, die vermuten, etwas zu sagen zu haben und gehört werden wollen, noch sind die gesellschaftlichen Einrichtungen dementsprechend ausgerichtet. So hat Österreich in der zweiten Kammer des Parlaments keinen Senat, sondern eine Länderkammer, in der um den Ausgleich zwischen den Bundesländern gerungen wird, was ohnehin Gegenstand des Finanzausgleichs ist. Als gesellschaftliches Modell kann dieser ebenso wenig wirken wie die zweite Kammer in Deutschland, die praktisch nur bei der Wahl des Bundespräsidenten ins Licht der Öffentlichkeit rückt.

Carl Djerassi stammt aus Österreich. Als er ein Jugendlicher war, marschierten die Nationalsozialisten in Österreich ein. Carl erlebte die Erniedrigung seiner aus Rumänien stammenden Eltern und Flucht. Er wurde Chemiker. Er erfand die Antibaby-Pille und griff so in die Entwicklung der Menschheit, ihre Demografie, ein. Viele Landstriche wie zum Beispiel Oberitalien bringen heute keine Kinder mehr hervor, manche Orte in Florida bestehen nur mehr aus alten Leuten, sind zum Altersheim geworden. Carl begann nach dem Ende seiner Karriere als Chemiker Bücher und Theaterstücke zu schreiben, die auf der ganzen Welt, sicher auch wegen seiner Berühmtheit aufgrund seiner außerordentlichen Erfindung, gespielt und gelesen werden. Sein Wahlspruch ist: „So wenig Zeit und noch so viel zu tun!“ Er hat ihn von dem Künstler, den er sammelte, Ernst Klee. Einen Teil seiner Sammlung hat er dem MOMA in New York geschenkt, einen Teil der Albertina in Wien. Als er die offizielle Übergabe der Sammlung in Wien in Anwesenheit des ehemaligen Vizekanzlers der Republik Österreich, Dr. Wilhem Molterer, feierte, sagte er, dass er gerade dem Land, das er verlassen musste, dieses Geschenk mache. Dass er dieses Geschenk mache, um Hoffnung für jene zu geben, die arm und schutzlos fliehen müssen. Wilhem Molterer antwortete sauertöpfisch.

Carl Djerassis letztes Buch, „Vier Juden auf dem Parnass“, behandelt die Berufung von Philosophen auf den Parnass. Dabei wird die Frage gestellt, was sie auf den Parnass gebracht habe. Die Diskussion über Paul Klees „Angelus Novus“, dem Walter Benjamin einen berühmten Essay gewidmet hat, nimmt dabei einen großen Stellenwert ein: Sieht der Engel wirklich ins Paradies, weht ihm von dort der Wind entgegen, der seine Flügel bläht, oder ist dies nur eine sprachliche Arabeske, die Walter Benjamin verwendet, um seine Faschismuskritik einzuleiten? Jedenfalls wird diese Diskussion im Parnass des Carl Djerassi weitergeführt, als ob für den weltbekannten

Wissenschafter klar wäre, dass es ein Jenseits gibt – ein Jenseits, das dem der alten Griechen gleicht. Er selbst ist dort nicht vertreten, außer dadurch, dass er der Autor dieser Annahme ist. Das Ziel, die Unsterblichkeit zu erreichen, kann Antrieb sein. Ob es dann nützt, weiß man nicht. Während man es anstrebt, scheint es ein gutes Ziel zu sein, das die Gedanken über die eigene Nutzlosigkeit und den Ruhestand beruhigen kann.

Wissenschafter neigen dazu, nicht in Pension zu gehen, ebenso wie zum Beispiel Psychotherapeuten, Autoren, Philosophen – also Vertreter all jener Berufe, die man ohne große körperliche Anstrengung ausüben kann und die keine Dienststelle brauchen. (Komischerweise sind es oft diese Menschen, die sich für den Ruhestand der anderen einsetzen.) Wenn also offensichtlich ist, dass körperliche Arbeit ab einem gewissen Alter unzumutbar ist, dann verwundert es, dass gerade in bäuerlichen Haushalten die Alten selbstverständlich mitarbeiten. Geht man in Wien oder in Graz in der Früh auf den Bauernmarkt, wird man dort sowohl bei den Ver-, als auch bei den Einkäufern hauptsächlich Pensionisten finden. Die Standlerinnen begründen ihren Einsatz damit, dass sie den Kindern helfen müssen. Der Hof schon übergeben, die Kinder haben Kinder, die zur Schule gehen, und die schwere Arbeit am Hof – so muss also die Omi, wie sie von sich selbst sprechen, eben den Verkauf am Markt machen. Ähnlich hat es der Fleischer gemacht: Er verkaufte seinen Stand, ging also in Pension, und arbeitet nun in einem Angestelltenverhältnis nicht mehr jeden Tag dort, sondern etwas weniger, außer es ist vor den Feiertagen mehr Geschäft zu erwarten. Da bleibt dann die Erklärung, dass älteren Menschen körperliche Arbeit nicht mehr zugemutet werden kann, stecken. Denn die Arbeit am Markt, egal an welchem Stand, ist schwer. Und das Lesen und Schreiben von Büchern ist eine geistige Tätigkeit, die unter anderem Einfälle verlangt, Kreativität und Freude, die auch eher der Jugend zugemutet werden.

In Asien ist eben beschriebenes Konzept beinahe Programm: Solange jemand zum Erwerb der Familie beitragen kann, macht er es. Nur wenn Krankheit und Schwäche auftreten, dann ist es die Pflicht der Jungen, die Alten zu versorgen.

Was soll man daraus schließen?
Ganz einfach: Es ist immer die richtige Zeit, seinen Beitrag zu leisten. Es gibt kein Aufhören. Ob man Obst verkauft oder Bücher schreibt, ob man junge Menschen in ihrer Forschung berät oder sich für wohltätige Zwecke einsetzt – der Ruhestand ist für einen selbst und die Welt schädlich. Das Leben ist zu kurz, um in drei Drittel aufgeteilt zu werden: Ausbildung, Beruf und Ruhestand. Was bleibt, ist, dass die erste und die dritte Le-

bensphase in manchen Industrienationen zunehmend länger werden als die Berufsausübung. Damit wird die Ausbildung fraglich und der Ruhestand unfinanzierbar und für die Betroffenen unerträglich.

Ich will kein alter Trottel sein!

Viele Menschen, die gerade am Beginn des Alterns stehen, machen sich über die Vergesslichkeiten und andere Symptome des Alterns lustig. Sie machen Scherze über Alte. Und auf einmal sind sie selbst alt und sehen sich jenen Formen des „Nachlassens" gegenüber, die ihnen eben noch Grund zum Lachen gegeben haben.

Nach einem Nachtdienst gehe ich wie immer, wenn es sich vereinbaren lässt, auf den Hausberg der Grazer, den Schöckl. Mein Buchmanuskript bereite ich mir am Schreibtisch zum Mitnehmen vor. Es ist in einer blauen Mappe. Allerdings muss ich noch die angekündigte Vorstellung eines Kleinkinds an einen Assistenten weitergeben, und obwohl ich das schon um acht Uhr früh gemacht habe, überprüfe ich nochmals an der Ambulanzanmeldung, ob er sie wahrgenommen hat. Dabei vergesse ich mein Buch.

An der Talstation angekommen, bin ich stolz auf mich. Zwar habe ich am Vortag vor dem Nachtdienst vergessen, eine frische Unterhose einzupacken, sodass ich nur mit der Laufhose bekleidet den Schöckl besteigen muss, aber ich habe immerhin meine leichten Wanderschuhe, die ich mir vor Jahren in der Schweiz gekauft habe, mit. Ich wechsle die Schuhe und hole aus dem Kofferraum meines 23 Jahre alten Saab-Cabrios, für das es weniger Ersatzteile gibt als für mich, die Walking-Stöcke, die ich als Wanderstöcke benutze, weil sich die „echten" bei mir immer zusammenschieben, und zwar genau in dem Moment, in dem ich mich auf sie stütze. Dann überlege ich mein Schlüsselarrangement: Ich werde die ovale kleine Fernbedienung zum Auto vom Schlüsselbund nehmen und in meine Laufhose einstecken. Den Schlüssel will ich in meinen Schuh in den Kofferraum geben. Der Schlüssel wehrt sich gegen mein Vorhaben: Als ich das metallene Schlüsselband öffne, fällt der Autoschlüssel in den Kofferraum. Dann lege ich ihn auf den Schuh, er fällt wieder hinunter. Dann lege ich ihn in den Schuh und schließe den Kofferraum mit Verve. Als der Deckel zuschnappt, fällt es mir ein: Mit der Fernbedienung kann man den Kofferraum bei offenem Dach nicht öffnen – eine der Sicherheitsmaßnahmen von Saab gegen Diebstahl.

Den ganzen Weg auf den Berg hinauf beschimpfe ich mich. Oben angekommen, habe ich die Lösung: Ich werde über mein Missgeschick im Buch schreiben (was ich hiermit getan habe) und ich werde den ÖAMTC rufen. Und so geschieht es auch. Man ist im Callcenter des ÖAMTC unglaublich freundlich zu mir, man wird mich zurückrufen, wenn der Fahrer zehn Minuten Fahrzeit von mir entfernt ist.

Mit meiner Lösung zufrieden, bestelle ich zum Frühstück am Berg Eierspeise und Tee. Der Tee kommt nach fünfzehn Minuten, die Eier nie. Die Wochenendbeilage der „Kronenzeitung", in der ich sonst immer die lichtvollen Äußerungen Christoph Kardinal Schönborns lese, hält wer anderer in Händen. Nicht mein Tag, denke ich.

Als ich vom ÖAMTC angerufen werde, dass der Fahrer demnächst bei meinem Auto sein wird, renne ich zur Gondel, die mich ins Tal trägt. Zum Tee wurde ich vom Hüttenwirt eingeladen, der nicht versteht, warum seine Angestellten mich nicht leiden können.

Der Pannenfahrer ist pessimistischer als ich. „Bei Cabrios hat man keine Chance!", sagt er immer wieder. „Wir machen das mit Geduld!", werde ich nicht müde zu betonen. Und es funktioniert. Ich habe einfach besser und überzeugender gejammert als er und er wurde so der Positive. Als ich ihm zehn Euro in die Hand drücke, ist er überrascht und will das Geld fast nicht annehmen.

Was lerne ich daraus, was kann ich daraus lehren? Vielleicht wenig. Oder doch: ein plötzliches Verständnis für meine Mama, die schon so viel vergisst und sich immer Konstrukte zimmert, die ihr die Welt, die sie nicht mehr voll mitkriegt, erklären. So vermutet sie, dass ich mit jemandem am Schöckl war; dass ich mit meiner Frau in ständigem Kontakt bin; dass ich alles weiß, was sie meiner Frau je mitgeteilt hat; dass ich im Garten bin, wenn ich eigentlich gerade für sie koche – und immer wieder wird sie enttäuscht. Denn ich bin dann eben nicht im Garten, sondern in der Küche, und sie hat mich an einem Ort gesucht, an dem ich nicht war. Oder ich weiß gar nichts von dem, was sie sagte, und so fort.

Jeder, der älter wird, fragt sich: Werde ich auch so werden? Darauf gibt es nur eine Antwort, nämlich Ja. Wenn man alt wird, dann wird man so. Denn die Leistungen lassen nach, und der Satz stimmt, dass man nichts nachholen kann. Sigmund Freud soll einmal gesagt haben: Wir werden nicht älter und schwächer, nur die Stiegen werden höher, die Buchstaben kleiner und die anderen Menschen leiser. Damit hat er gut beschrieben, dass wir immer alles auf uns beziehen und uns natürlich auch als ältere Menschen „richtig“ fühlen. Daher sehen wir auch im Alter all die anderen genauso als unrichtig an, wie wir es als junge Menschen gemacht haben. Waren uns damals die Alten zu langsam, so sind uns jetzt die Jungen zu schnell. Waren uns damals die Alten zu leise und zu müde, so dreht sich das nun ebenso. An sich wäre dieser Vorgang nicht komisch oder falsch. Das Blöde ist nur: Da wir uns selbst immer als richtig empfinden, stören uns alle Abweichungen. Das andere ist falsch. Wir sind richtig. Auf dieser grundsätzlichen „Erkenntnis“ baut unser Gefühl auf. Die Alten werden wütend, wenn sich die Jungen vordrängen und es schneller und richtiger machen, die Jungen werden zornig, wenn ihnen die Alten im Weg stehen und nichts weitergeht, weil die Alten müde sind und nicht mehr so schnell können.

Manchmal könnte ich nach dem Aufwachen schon wieder einschlafen. Obwohl ich nach vielen Jahren, in denen ich Mangement-Trainings abgehalten habe, mittlerweile sehr routiniert bin und sie mir flott von der Hand und noch mehr vom Mund gehen, erschöpft mich diese Tätigkeit zunehmend. Der Nachtdienst im Spital, der mit seinen Gerüchen, Geschmäckern, den kleinen Kindern und den Eltern mir völlig vertraut ist, alles kenne ich schon und doch: Jedes Kind ist aufregend, man muss immer auf der Hut sein. Das strengt an.

Es kommt häufig vor, dass man sich rund um den Zeitpunkt des Ruhestands noch ein neues Auto kaufen möchte. Man will es in der Rente haben, und es soll einen lange begleiten. In der Tat sind die Autohersteller auf diese Zielgruppe gut eingerichtet. Da werden praktische Autos angeboten, die wenig Benzin verbrauchen und einfach zu bedienen sind. Komfortable Mittelklasselimousinen mit Automatikgetriebe und einer großen Türe vorne.

Der werdende Pensionist sieht das Auto und erschrickt: So weit ist es also mit ihm gekommen! Jetzt befindet man sich offensichtlich auf der Vorstufe vorm Dahinscheiden. Ein sparsames Auto soll man fahren, da das Einkommen dramatisch sinkt. Und groß muss es jetzt auch nicht mehr sein, wer braucht im Alter schon noch ein geräumiges Auto? Praktisch muss es sein, wenn der Mann die Frau zum Supermarkt begleitet oder das Enkelkind aus dem Kindergarten holt. „Der Opa führt uns immer", sagt dann die Tochter oder das redegewandte Enkelkind. Und der Opa lächelt stolz, hat man doch ihm und seinem zugegeben nicht außerordentlichen, aber praktischen Auto Lob gezollt. Vor allem hat man ihm Funktion und Nützlichkeit bescheinigt, hat ihn gebraucht, und so hat er an diesem Tag wirklich etwas zu tun, etwas, das echt nützlich ist, mehr als die Gartenarbeit oder das Basteln in der Garage.

Die Zeiten haben sich eben geändert: Einerseits leben etwa sechzig Prozent der älteren Menschen allein. In den Städten sind die Reste der zerbrochenen Familien in vielen kleinen Wohnungen zu finden. Man hat zwar verwandtschaftliche Beziehungen, aber diese sind eher lose. Kinder und Kindeskinder benötigen manchmal Unterstützung, viel seltener aber leider menschliche Nähe oder sogar das Zusammenleben.

Und das Auto für die ältere Dame? Da Frauen älter werden als Männer (siehe oben), gibt es viele alleinstehende Frauen, die – wie sie sagen – noch etwas vom Leben haben wollen. Ihre Lebensberechtigung finden sie über die Betreuung und die Zeit, die sie mit den Enkelkindern verbringen, aber sie wollen auch ins Theater oder Konzert gehen, sich schön anziehen und Reisen ins Ausland machen. Für die Zielgruppe „ältere Dame" haben die Autohersteller und -händler ebenso Modelle vorgesehen, die leichter manövrierbar sind, einen guten Überblick über die Verkehrssituation bieten und praktisch in der Bedienung sind. Das Auto sollte Platz für einen Kindersitz haben, darf aber relativ klein sein, weil es vor allem für Stadtfahrten benutzt wird. Argumente wie: „Das kommt mit einem kleinen Parkplatz aus!" werden gern gesagt und gern gehört. Zum Schluss kommt ein wirklich praktisches, aber stinklangweiliges Fahrzeug heraus, das gerne gekauft wird.

Das eben beschriebene Fahrzeug vermittelt im Gebrauch der Besitzerin aber ein echt schlechtes Gefühl. Sie erinnert sich an Zeiten, in denen Geld eine geringere Rolle gespielt hat, in denen sie in besseren Autos abgeholt und in schickere Restaurants ausgeführt wurde. In ihrer Erinnerung sieht sie sich in Familienkutschen sitzen, mit denen die damals vorhandene Kleinfamilie in den Urlaub fuhr. In ihrer Erinnerung hat sie auch den damals gehegten Wunsch, einmal als ältere Frau wohlhabend zu sein, gespeichert. Sicher, sie weiß, dass sie ihr Geld für den Nachhilfeunterricht ihrer Söhne ausgegeben hat, die nun erfreulicherweise einen guten Beruf haben und ihre Familien ernähren können. Ihre Zukunft als ältere Dame hat sie sich damals so vorgestellt: Dass sie es gut haben wird, nicht darüber nachdenken müssen wird, wie sie ihre Ratenzahlungen bedient, und dass sie sich ohne viel nachzudenken einen kleinen Wochenendurlaub mit einer Freundin in der Nähe der Stadt, vielleicht mit ein wenig Wellness und Betreuung, leisten können wird. Und wie sieht es tatsächlich aus? Ihr Enkel quält sie seit Wochen mit dem Wunsch nach einem neuen Mobiltelefon und auch die Geburtstage der Kinder wollen berücksichtigt werden. „Man kann dann doch nicht so sein“, denkt sich die gelernte Mutter, und nur an sich denken. So passt auch das Auto in das Konzept der Lebensgestaltung, die das Für-andere-Dasein in den Mittelpunkt rückt und nicht die eigenen Bedürfnisse.

Wie anders aber sind die Träume der älteren Menschen: Sie bewundern die Reichen, die sich einen Ferrari kaufen können. Die Argumente der Jungen, dass die älteren Menschen beim Fahren nicht mehr entsprechend reagieren können, schlagen sie in den Wind. „Man kann auch mit einem Ferrari langsam fahren und den Sound genießen!“ Ebenso faszinieren sie die Neuerungen der Technik: Einparkhilfen, Abstandshalter, GPS, USB-Schnittstelle und anderes mehr. Sie sind überzeugt, dass sie nicht nur Bücher elektronisch lesen können, sondern mit der Hilfe moderner Elektronik auch ein tolles Auto bedienen. Sie hassen, jedenfalls in ihren Träumen, die praktischen und letzten Endes auch hässlichen Autos, die man ihnen verkaufen will und die sie kaufen müssen, weil sie sich keine besseren leisten können. Sie sehen, dass sie immer noch – wie ihr ganzes Leben lang – ihr Geld und ihre Ersparnisse den Jungen geben sollten, fast müssten, und dass man es ihnen sehr übelnimmt, wenn sie lieber etwas für sich selbst kaufen oder tun, als für ihre Nachkommen. Genetische Erklärungen, dass das Brutpflegeverhalten für die Sicherung der Art das Wichtigste ist, nehmen sie gern an. An ihren Träumen hat sich aber nichts geändert: Die Träume der Alten gleichen denen der Jungen sehr, wenn sie auch nicht gleich sind. Sie wollten ja nicht alt sein in einer Zeit, in der das Altsein keine Vorteile bringt. Da es keine gesellschaftlichen Rollenbilder für Alte gibt, da es keine Chauffeure für die Alten gibt, wollen auch sie mit einem kleinen, aber schicken Auto durch die Gegend rasen und sich des Frühlings erfreuen, den Sommer genießen, den Herbst sehen und es im Winter warm und sicher haben.

In dem Film „Miss Daisy und ihr Chauffeur“ sieht man eine alte Dame, Miss Daisy, und Morgan Freeman als ihren Chauffeur. Er ist ein demütiger und liebevoller Berater und gibt der alten Dame das gute Gefühl, etwas wert zu sein. Doch wer kann sich heute einen Chauffeur leisten? Fast niemand. Daher bleibt uns nur das Träumen und die Suche nach Idolen und Bildern der Selbstinszenierung. Leider gibt es die für ältere Menschen nicht. Es gibt nur unterschiedliche Abstände vom Ideal „Jung“, die sich eben auch im Autokauf und in der gewählten Marke und Ausstattung zeigen.

Der wahrhafte Rückzug auf ein Leben in Anstand und Verwöhntwerden, den kann man nur am Sonntagabend in Rosamunde-Pilcher-Filmen sehen, wo deutsche Menschen in Cornwall oder Schottland auf Landgütern leben, Geld keine Rolle spielt und die Verwicklungen nicht aus der zu kleinen Pension oder der Langzeitarbeitslosigkeit kommen, sondern aus der Familie. Der Butler und das Auto mit Chauffeur stehen immer vor der Türe, und nur Streitigkeiten oder das Wiedererwachen einer alten Liebe führen zu Verwicklungen und machen die Geschichte aus. Sicher, die Geschichten sind gut gewoben und gut erzählt. Der Erfolg dieser Sendungen im österreichischen Hauptabendprogramm ist aber auf die Umgebungen, die Landschaften und den Reichtum zurückzuführen, in dem die handelnden Personen leben. Armut, immer wieder ein Thema in diesen Filmen, wird eindeutig als Makel gesehen, es kommt aber vor, dass Derjenige, der davon befallen ist, durch eine Erbschaft in den Kreis der Glücklichen aufgenommen werden kann.

Das Leben ist aber kein Rosamunde-Pilcher-Film, und so schließt sich der Kreis: Die Autos, die Pensionisten angeboten werden, kränken diese. Sie weichen von den Träumen der potenziellen Käufer ab, wodurch eine Erwartungsenttäuschung stattfindet, die man mit dem Wort Frustration benennt. Der Autokauf des älteren Menschen wird zur Frustration und weiteren Bestätigung seiner Lage, die alles andere als rosig ist. Bescheidung, Zurücknahme und ein resignatives „... ich komme auch damit aus!“ sind die Folge. Das Auto steht als dauernde Kränkung in der Garage oder am Gehsteig. Die Fähigkeiten, es zu bedienen, nehmen auch deshalb so schnell ab, weil die Bedienung keine Herausforderung darstellt.

Der unvermeidliche Autokauf sagt das: Man muss sich sogar beim Kauf eines Autos dagegen wehren, zum alten Trottel gemacht zu werden. Wie steht es aber mit den anderen technischen Erfindungen? Werden diese so gemacht, verkauft und erlebt, dass sie Senioren zur Verfügung stehen? Können die sogenannten Alten sie benutzen?

Die Menschheit hat sich in der Bewältigung der Natur weit entwickelt. Was früher Angst machte, wurde beherrschbar. Die Erfindung des Rads führte zum Automobil, die Erfindung des Fließbands zur allgemeinen Motorisierung. Die moderne Zeit führte zu Möglichkeiten, die Jules Verne nur ahnte: Der Zauberspiegel wurde bereits durch das Fernsehen erfunden, CNN und Skype machten ihn allgemein verfügbar. Auch der Orientierungslosigkeit in fremden Gebieten wurde man dank GPS und einer generellen Verfügbarkeit von Satelliten Herr: ein „Navi“ – und man findet sich überall zurecht.

Es gibt keinen Ort auf der Welt, wo man von Hilfe abgeschnitten ist. Satelliten- und Mobiltelefone helfen einem selbst in Gletscherspalten. Die Angst, allein im dunklen Wald verloren zu gehen, braucht niemand mehr zu haben. Aber all diese Dinge müssen beherrscht werden. Und so gibt es viele ältere Menschen, die behaupten, dass sie das nicht mehr können. Sie behaupten, dass sie sich bei Facebook nicht registrieren wollen, weil sie sich nicht nackt der Öffentlichkeit zeigen wollen. Sie geben an, dass sie Smartphones nicht brauchen, weil sie mit ihren Telefonen nur telefonieren wollen. Und manchmal sind sie sogar stolz darauf, an diesen „neumodischen“ Dingen nicht teilzuhaben.

Das ist falsch.

Immer schon waren die Alten stolz, sich gegen das Neue zu verwehren. Waren es früher bestimmte Modetrends, die sie ablehnten, verweigern sich heute viele alte Mensch der Technik, die die Welt lebbarer macht. In der Generation meiner Großeltern waren es die Autos, die Generation davor empfand so gegenüber der Eisenbahn (weshalb in Österreich die Bahnhöfe außerhalb der Städte liegen mussten – darunter leiden wir bis heute und beneiden die Deutschen, die inmitten ihrer Städte ein- und aussteigen können).

Serge Lebovici, der vor etwa zehn Jahren verstorbene Doyen der französischen Psychoanalyse besonders im Kleinkindbereich, verwendete damals bereits den in jeder Wohnung vorhandenen Monitor der Post, um mir ein seinem Urlaubsdomizil nahegelegenes Hotel rauszusuchen.

Meine Mama lernte mit 86, E-Mails zu schreiben, und verwaltet ihren Account. Sie ist böse, wenn man ihr ein Handy ohne Wörterbuchfunktion anbietet, und sie liebt es, SMS zu schreiben.

Alt werden und am Neuen nicht teilzunehmen, heißt, sich älter machen, als man ist. Anschlussfähig und neugierig zu bleiben hilft zwar nicht, die „letzten Fragen" zu beantworten. Es ist aber die einzige Möglichkeit, nicht zum Taubenfütterer zu werden, der mit einem Seniorenhandy ausgestattet und allenfalls noch mit einer kleinen Umhängetasche im Park sitzt und die Brotstücke nach Alter ordnet, damit die Tauben die weichsten Stücke bekommen.

„Wann i stirb,
wer surgt sie dann um mein Hansi?"
Hans Moser

Taubenfüttern ist nicht genug

Der österreichische Autor Friedrich Torberg publizierte seinen Jugendroman im Alter von 21 Jahren: Der Schüler Gerber. Dieser hat ihn berühmt und zu einem Schriftsteller gemacht. Danach, und in der Emigration, war er Freund aller Berühmtheiten und hat alle getroffen, die man treffen musste. Leider hat er sich dann entschlossen, wöchentlich ein Heft herauszugeben, das „Forum" hieß und sich im Wesentlichen an eine antikommunistische, demokratische Öffentlichkeit wandte. Die Arbeit an diesem Heft konsumierte seine Zeit. Er konnte nicht mehr an den Erfolg seiner Jugend anschließen. Das Glück wollte es, dass ihm dieses Heft von seinem Co-Herausgeber Günter Nenning „geraubt" wurde, sodass Torberg sich zu schreiben verpflichtet sah: „Das Neue Forum ist die Zeitschrift jener, gegen die es gegründet wurde!" Die Lücke, die das Neue

Forum in seinem Leben hinterließ, machte es Torberg möglich, seine Jugenderinnerungen an das Wiener Kaffeehaus aufleben zu lassen und der Nachwelt mit den zwei Bestsellern über die Tante Jolesch und ihre Erben ein Dokument untergegangener Kultur zu schenken. Hätte man ihm davor gesagt, dass man ihm seine Zeitung stehlen würde, hätte er laut geweint. Aber dieser Verlust eröffnete ihm Chancen, die er sonst nicht gehabt hätte.

Aus dieser Erinnerung an den großen österreichischen Autor Friedrich Torberg kann man zweierlei schließen: Es kommt anders, als man denkt, und es ist wichtig, wach zu bleiben.

Rentner, Pensionisten und alle anderen, die das aktive Erwerbsleben verlassen haben, verlieren damit erst mal die Struktur des Alltags. Seit dem Eintritt in den Kindergarten lebten sie neben dem angeborenen biologischen Rhythmus auch noch den äußeren der Institutionen. Sie wurden dazu erzogen, in der Früh auszustehen und pünktlich im Kindergarten, in der Schule und später am Arbeitsplatz zu sein. Sie haben darunter gelitten. Die Abendmenschen, weil sie eigentlich schlafend in Schule und Beruf waren, die Morgenmenschen, weil sie am Abend kaum für die Familie zur Verfügung standen. Immer hatten sie aber den Druck, sich anzupassen und einzufügen.

Und jetzt – Zeit in Hülle und Fülle: Plötzlich stehen

sie, wie Johann Nestroy sagt, „mit den Hemdsärmeln in der Freiheit und wissen nicht, was tun". Sie können lang schlafen oder kurz, sie können aufstehen oder liegen bleiben – niemanden kümmert es. Sie genießen ja wohl hoffentlich den wohlverdienten Ruhestand ... Welche Gemeinheit! Sie genießen nicht, sondern sind oft unvorbereitet in eine Situation gekommen, für die sie keine Antworten haben. Sie wollen nicht frei sein, weil sie es nie waren, und jetzt können sie nicht damit umgehen.

Was nun? Jetzt gilt es, Tages- und Jahresstruktur vorzubereiten, um nicht unterzugehen. Dafür muss man sich allerdings zuerst seiner Fähigkeiten bewusst werden. Das klingt leicht, angesichts einer Vorlaufzeit von fünfzig Jahren, ist es aber nicht. Denn mit zunehmendem Alter wird die Unsicherheit größer und die Frage nach den „eigentlichen" Fähigkeiten schwerer zu beantworten.

Hilfe wird gesucht, man entscheidet sich: Man kauft ein Tier, das in dauernder Abhängigkeit von einem genau das fordert, was man braucht, nämlich Regelmäßigkeit und die eigene Präsenz, auch wenn man beides eigentlich nicht will. Ein Hund will in der Früh seine Ausscheidungen abgeben, also muss man hinaus, und zwar bei jedem Wetter. Eine Katze kann man nicht ewig allein lassen, die meisten Hotels und Kurheime nehmen keine Katzen bei sich auf, also kann man nicht wegfahren. Sogar der legendäre Hansi, der Kanarienvogel des Wiener Hausmeisters, muss täglich versorgt werden, sonst singt er nicht und fühlt sich nicht wohl. Oder man beginnt, sich vermehrt um seine Enkel, so vorhanden, zu kümmern. Macht Termine mit Kindern aus und muss dann vorhanden sein, freudig, oder stöhnend.

Innere Zwänge werden an die Stelle der äußeren gesetzt: Man beschließt, sich um seine Gesundheit zu kümmern, und nimmt die immer vorhandenen Äußerungen des älter werdenden Körpers ernst. Man beginnt Schmerzen zu fühlen, erkennt in seinen Beschwerden nahende schwere Krankheiten, und schon hat man eine Fülle von Arztterminen und trägt schwer an deren Folgen: Regelmäßige Einnahme von Medikamenten, gebuchte Kuraufenthalte, Einschränkungen beim Essen und Trinken und letzten Endes auch die erhöhte Aufmerksamkeit auf Symptome geben dem Leben Struktur. In den Wartezimmern trifft man auf andere Leidende, die dasselbe Schicksal zu tragen haben. Alle haben ein schweres Leben im Dienste der Allgemeinheit hinter sich, erwarten den Dank der Generation, die sie ernährt und betreut haben, sind zu Recht enttäuscht und wollten sich nun neuen Aufgaben und Hobbys widmen, die sie in ihrer aktiven Zeit nicht ausüben konnten. Leider sind ihnen nun Krankheiten und Beschwerden dazwischengekommen, und kein Arzt kann ihnen helfen, obwohl sie doch der Medizin vertrauen, denn wo sonst sollten sie sich denn hinwenden? Und schon wenden sie sich: Sie besuchen Seminare, in denen ihnen durch die Befolgung weiterer Diäten und eines spirituellen Wegs Möglichkeiten der Heilung versprochen werden; oder sie nehmen „Nosoden" ein, was ihnen anfänglich hilft – und dann doch nicht so. Oder sie lassen sich zu einer Busfahrt verführen, bei der sie zum Beispiel Katzendecken kaufen, die ihre Gelenksbeschwerden lindern sollen. Termine über Termine, Rettung vor der Unstrukturiertheit des Alltags.

Man weiß: Strukturlose leben kürzer. Man spürt das. Sonst würde man nicht alle Träume, die man ins Alter verschoben hat, unmöglich werden lassen. Sicher, man kann sich ergeben. Man kann sich gehen lassen, wie es heißt. Was soll man aber dann machen?

Bei meinem letzten Besuch in Israel saß ich mit meinen Kindern auf der Ben Jehuda bei einem Joghurt-Eis. Ein älterer Mann ging vorbei. Er schaute in jeden der dort aufgestellten Blumenkästen hinein. Studierte die Erde, die Art, wie die Pflanzen eingesetzt waren. Eine weitschichtige Verwandte, die uns begleitet hatte, beobachtete den Mann belustigt. Sie wusste, dass die Pflanzen aus dem Kibbuz stammten, in dem sie aufgewachsen war. Sie überlegte sogar, das dem Mann zu sagen und ihn so in ein Gespräch zu verwickeln. Dann siegte aber die Jugend und die Unbekümmertheit und sie entschloss sich gegen die Spende von Zeit und Zuhören.

So kann es enden. Man schaut in die Blumenkisterln. Mich erinnert das an Menschen in den Wiener Wohnungen meiner Kindheit, als noch nicht jeder einen Fernseher hatte. Da schauten die Männer im Ruderleiberl, wie man damals ärmellose Unterleibchen nannte, auf den eigens hergerichteten Polster gelehnt aus dem Fenster. Manchmal kommentierten sie das, was sie sahen, laut für sich, manchmal mischten sie sich auch ein. Sie wiesen uns Kinder zurecht, nahmen bei einem Streit Partei, und konnten, wenn es sein musste, auch ihr Fenster verlassen und eingreifen. Das war aber an sich nicht vorgesehen. Zusehen und Unterhaltung waren angesagt. Ich fand diese Art der Beschäftigung schon damals abstoßend. Ich hatte kein Mitgefühl. Ich war mir sicher, dass diese Menschen das Letzte sind.

Heute bin ich mir nicht mehr so sicher. Was ich aber zu wissen glaube, ist, dass man so tief nicht sinken sollte. Wenn ich eine alte Dame sehe, die heute dasselbe macht und aus dem Fenster schimpft, dann sehe ich ihr Elend und ihre Einsamkeit hinter ihrem Verhalten. Durch den standardmäßigen Fernseher in nahezu jedem Haushalt kommt das aber kaum mehr vor.

Welche Art der unglaublichen Unstrukturiertheit gibt aber das Fernsehen den Menschen? Die Anhaltspunkte sind die „Barbara-Karlich-Show“, die „Zeit im Bild“ und das Hauptabendprogramm. Die sogenannten Sendeleisten geben den Menschen Struktur und Sicherheit. Sie wissen, das und jenes kommt wieder, sie können sich freuen oder ärgern, wenn eine Staffel gezeigt wurde. Manchmal kommt dann noch eine Wiederholung oder es gibt eine weitere Staffel. Sicher sind aber nur die wiederkehrenden Sendungen oder Abende, die einem Thema gewidmet sind. Und wenn plötzlich am Montag statt des amerikanischen Krimis Fußball gesendet werden muss, verunsichert das die Seher.

Mir erscheint das regelmäßige Fernsehen ebenso deprimierend zu sein wie das Aus-dem-Fenster-Schauen. Ich kann da keinen Unterschied entdecken. Ich halte das Fenster fast noch für die bessere, aktivere Variante. Oder die Beobachtungen im Schrebergarten, wie sich der Nachbar verhält.

Es gibt natürlich noch andere Reaktionen auf die Strukturlosigkeit, die einen beim Verlassen des Erwerbslebens überfällt. Man kann sich bereits in der Früh betrinken. Viele Kunden des Branntweiners an der Ecke sind Opfer der eigenen Strukturlosigkeit. Man kann sich auch selbst auftragen, täglich frisches Gebäck zu holen, und man kann dieses Gebäck mit dem Fahrrad holen fahren, um Bewegung zu machen. Das ist sicher die gesündere Variante. Oder man kann einkaufen gehen wie Loriot in „Pappa ante portas“ und die Familie terrorisieren.

Mir erscheint es besonders wichtig, dass man bereits vor dem Ruhestand weiß, was man danach machen wird. Man ist seine neue Ich-AG. Man kann und will nicht mit einem sofortigen Verfall rechnen, wenn man nicht mehr arbeiten geht. Also muss man etwas anderes machen, als nur seine drei bis fünf Mahlzeiten einzunehmen. Man kann sich auch nicht darauf verlassen, dass man mit mehr Schlaf seine Strukturlosigkeit in Griff bekommt. Mehr schlafen können die meisten erst, wenn es dem Ende zugeht. Also muss man einen etwa sechzehnstündigen Tag bestreiten, indem man entweder Sinnloses oder – zumindest subjektiv – Sinnvolles macht. Neben Tierkauf, Gesundheitswahn und Fernsehen bieten sich noch weitere Möglichkeiten:

In einem Klub älterer Herrn gab es einen, der die humanitären Ziele des Klubs besonders emsig verfolgte. Er beschäftigte sich mit der Geschichte des Klubs, hielt kurze Ansprachen, in denen er auf die Bedeutung des Vereinszwecks hinwies, und besuchte jeden Tag die Klubräumlichkeiten, um Dinge zu ordnen, die sich im Laufe der Zeit angesammelt hatten. Da waren Geschenke anderer Klubs, Erinnerungen an bereits verstorbene Klubmitglieder, Souvenirs aus ähnlichen Klubs, die von deren Mitgliedern mitgebracht worden waren. Und dann gab es auch noch Bücher, Medaillen und sonstiges Kleinzeug, das an die Klubgeschichte erinnerte. All das sammelte der Mann in einem Raum, den er langsam eroberte. So entstand ein kleines Museum. Er ging dann in „normale“ Museen, ließ sich beraten, erfuhr von den verschiedenen Arten, wie man Schaustücke bezeichnen kann. Er kaufte eine Schreibmaschine mit großen Buchstaben, schrieb die Bedeutung der Stücke auf Zettelchen und setzte die Stücke in Glaskästen und die Zettelchen davor. Leider gelang es ihm, auch andere Klubmitglieder von seiner Idee zu überzeugen, vor allem, weil er alle Anschaffungen für sein Museum selbst finanzierte. Leider wurde er blind. Das half ihm weiter. Er konnte sich der Hilfe anderer versichern, und kaum merklich wurden verschiedene Pflichten wie die Reinigung der Glaskästen von seinen Klubkollegen übernommen. Als er starb, übergab seine Witwe dem Museum noch viele Stücke, die er zu Hause gehabt hatte. Heute kann man auf einer goldenen Tafel lesen, dass er es war, dem dieses Museum zu verdanken ist.

Welch sinnvolle Beschäftigung! Sammeln und horten, für andere aufbereiten und sich zugleich verewigen. Ein sicheres Geschäft im Hinblick auf die Unsterblichkeit in der Erinnerung der anderen. Dieser Mann, ein Freund von mir, hatte genau das getan, wovon alle träumen. Er hat einen Weg gefunden, sich in die Erinnerung einer Gemeinschaft einzubringen, einfach, indem er ihr gedient hat.

In einer Kleingartensiedlung beschäftigte sich ein Pensionist seit Jahrzehnten mit deren Pflege. Er kümmerte sich um alles: die Wege, die Müllabfuhr, das Kanalsystem, die Wünsche der Mitglieder. Er hatte viel geleistet. Alles funktionierte, und er kannte die Anlage so genau, dass er einen Mangel schon vor dessen Entstehen erkannte und ihn beheben ließ. Die Mitglieder der Anlage haben ihm seine Bemühungen gedankt und das gemeinsame Schwimmbad nach ihm benannt. Allerdings hat die Geschichte auch eine Kehrseite: Gerüchte traten auf, dass er sich mit seiner Tätigkeit Vorteile erarbeitete, die ihm nicht zustehen. Er hatte sich ein schönes Haus gebaut, und man vermutete, dass er Handwerker, die in der Gemeinschaftsanlage arbeiten, auch bei sich arbeiten ließ und weniger oder gar nichts dafür bezahlte. Man bezweifelte, dass er die Kleingartenvorschriften eingehalten hatte, warf ihm Bestechlichkeit vor und wollte ihn abwählen. Er war so enttäuscht, dass er sich zurückzog.

Was diesem Menschen geschehen ist, ist das, was – in verschiedenen Ausformungen – jedem geschieht, der sich mit einer Sache identifiziert. Er war zum Verwalter des Gemeinwohls geworden, hatte die Gebühren der Mitglieder erhöht, wenn es nötig war, hatte Zäune errichtet, die nicht unmittelbar von jedem als notwendig eingestuft wurden, hatte Auflagen bei Um- und Ausbauten gemacht und war so zum Vertreter eines Ideals geworden, das für das Gemeinwohl und gegen die unmittelbaren Interessen der einzelnen Mitglieder gerichtet war. Das nahm man ihm übel. Weil er sich aber so mit seiner Aufgabe identifiziert hatte, schloss er zwar Kompromisse, blieb aber in der Sache hart. Das nützte der Sache, seiner eigenen Denkmalpflege jedoch nicht. Aber es hat seinen Tag ausgefüllt und ihm das berechtigte Gefühl gegeben, etwas Sinnvolles zu machen. Also heißt's kämpfen gegen die neidischen Feinde, die selbst nichts zu tun haben und eigentlich nur gegen eine Herrschaft sind, die sie selbst gern ausüben würden. Sich zu beteiligen, zu identifizieren, zu involvieren, heißt, auch Rollen und Positionen zu übernehmen, die bedeutsam sind, aber leider in den meisten Fällen kein Geld und wie hier sogar keine Ehre einbringen. Sich zu leisten solche Rollen zu besetzen und sich einzumischen in den gesellschaftlichen Ablauf braucht Mut.

Will man sich involvieren, muss man auch als älterer Mensch etwas riskieren. Das Witzige ist doch, dass die Jugend, die das ganze Leben noch vor sich hat, eher etwas riskiert als die Alten. Sowohl in Extremsportarten als auch in gesellschaftlichen Rollen und Zugehörigkeiten zu extremen Parteien und Bünden. Wer aber wie die meisten im höheren Alter immer weniger riskiert, wird dadurch immer ängstlicher. Es ist nämlich interessanterweise so, dass man immer mehr am

Leben hängt, je weniger man davon hat. Man wird ängstlich, jede Stufe, über die man geht und stolpern könnte, verlangsamt den Schritt. Jede Reise macht einen unruhiger, jede Krankheit könnte die letzte sein. Die Angst vor dem Tod wird konkreter, sie wird nicht ununterbrochen reflektiert, aber gelebt. Und diese Art des Auslebens der Angst führt zu einem vermehrten Bewahren des Unbewahrbaren. Statt risikofreudiger zu werden, weil es eh schon wurscht ist, wird man ängstlicher. Statt etwas zu riskieren, versucht man, zu bewahren. Diese Situation war Philosophen immer schon unerklärlich. Es war und ist unerklärlich, warum alte Menschen ängstlicher werden und man den Tod Junger mehr betrauert als Alter. Während man das eine aus Elternsicht nachvollziehen kann, bleibt das Andere unverständlich.

Eigentlich wäre zu erwarten, dass die Alten die Vorhut der Revolution sind. Das Gegenteil ist der Fall. Weder Verarmung noch Elend können die Alten zu einer entschiedenen politischen Reaktion bringen. Die grauen Panther gibt's nur ganz selten. In den USA müssen sie bei den Wahlen berücksichtigt werden, weil sie wählen gehen. Sonst stehen sie aber meist am Rande, ihre Beteiligung am politischen Prozess ist klein. Zu oft sind sie enttäuscht worden, haben auf das falsche Pferd gesetzt oder auf das richtige, das dann aber in eine andere Richtung ging. Außerdem werden sie noch durch Pessimismus gehindert, der sie vor allem negative Erfahrungen erinnern lässt.

Sich einmischen bringt aber Erfolge. Damit ist nicht nur das Senden von Leserbriefen an Tageszeitungen gemeint (obwohl auch das schon besser ist als nichts). Nein, einmischen heißt, so wie damals zu sein – nur klüger. Sich lokal und national zu interessieren, nicht nur den Inhalt der Boulevardblätter wiedergeben. Eigene Interessen und die der Altersgruppe zu vertreten. Sich aufzulehnen gegen das Abgeschobensein und für ein anständiges Leben einzutreten, trotz zu kleiner Pensionen. Sich hörbar zu machen im Verteilungskampf. Einmischen heißt aber auch, andere Menschen zu begeistern. Natürlich kann man nur von dort starten, wo man selbst gerade ist. Es gilt, die Gemeinschaft einzubeziehen. Sich für das Gemeinwohl zu interessieren.

In einer kleinen steilen Straße zog der Verkehr durch. Das hatte seinen Grund, denn bei den durchflitzenden Autos handelte es sich um Umgehungsverkehr. Ein Bürger, ein engagierter Psychologe, gründete die Gemeinschaft der Anrainer. Diese hatte zum Ziel, dass die Straße so gestaltet würde, dass es sich nicht mehr lohnte, sie als Abkürzung zu benutzen. Leider wohnte die Mutter des Vizebürgermeisters in dieser Gasse. Der Politiker war für den Straßenbau zuständig und besuchte seine Mama regelmäßig. Diese hatte nichts gegen den Verkehr, denn ihr Haus war nach hinten versetzt. Der Psychologe gab auf. Die anderen Anrainer verlegten sich aufs Schimpfen. Die Straße blieb stark befahren. Dass der Psychologe aufgegeben hatte, war nicht gut für ihn. Er hatte versagt und verlegte sich auf eine akademische Karriere. Diese gelang. Das Leben ging weiter. Seine Familie verlor sich irgendwie. Er saß nun Stunden um Stunden in seinem Arbeitszimmer und schrieb. Die Welt hatte er vergessen, sollten die anderen doch machen, wie sie wollten. Dabei hätte es sich durchaus gelohnt, weiter zu kämpfen. Kämpfen bringt Kraft, Heiterkeit und Training.

Auch dabei kann man es allerdings übertreiben, und aus dem kraftvoll abeschossenen Pfeil kann ein Bumerang werden: Denn im Sinkflug beschleicht manche Menschen der Wunsch, etwas für andere zu machen. Genauer gesagt viel für viele andere. Man wird wohltätig. Ein Lüfterl, ein Aufwind im Sinkflug. Im Schlepptau dieser Wohltätigkeit kommen die Eitelkeit und der Wunsch, wichtig zu sein. Und Eitelkeit ist die Lieblingssünde des Teufels.

Da war eine Dame aus Deutschland, die sich für die Kinder psychisch Kranker einsetzte und sie betreute und mit den kranken Eltern in Gruppen arbeitete. Sie machte das dann in ganz Deutschland und trug es bei Politikern vor. Die waren erstaunt, noch nie hatten sie, so erzählte uns die Dame, an die Kinder der psychisch Kranken gedacht. Sie schon. Dann wurden mit ihr Interviews gemacht, aber das Foto wurde vertauscht und ihre Mitarbeiterin wurde in der Zeitung abgebildet. Statt froh zu sein, dass die junge Frau in der Öffentlichkeit stand, wünschte die Dame eine Korrektur. Die wurde gewährt. Und bei der Zehnjahresfeier ihrer Initiative schrieb sie in derselben Zeitung einen Artikel, und dieser wurde dann mit ihrem Bild gebracht. Wem diente das? Der Sache, ihr, der jungen Mitarbeiterin?

Es war ein ehemaliger Vorstand einer Raiffeisenbank, und der wurde leider noch vor seiner Pension „abgebaut", sein Tätigkeitsbereich war nur mehr das Kreditgeschäft mit den Privatkunden gewesen. Da wurde er Präsident des lokalen Golfclubs, obwohl ihm golfen keinen Spaß machte und er auch nicht sonderlich begabt war. Er konnte später damit aufhören, denn er wurde Präsident eines Wohltätigkeitsvereins mit kulturellem Anstrich. Dort wurde er auch Präsident genannt und hatte viele Sorgen, denn das Haus, in dem die Vereinsmitglieder zusammenkamen, musste plötzlich immer wieder umgebaut werden. Feuerschutzmaßnahmen waren seine Spezialität, denn diese erforderten stets den Umbau des ganzen Hauses und ein wenig Verschönerung lief mit, sodass die Kollegen seine Erfolge sehen konnten. Da kein neuer Posten in Sicht war, blieb er sehr lange Zeit Präsident, alle Alternativen wären ein Abstieg gewesen.

All diese Bestrebungen sind nützlich und sinnvoll. Sie dienen dem Wunsch, weiterhin nützlich und sinnvoll zu sein und keinesfalls unnötig zu werden. Sie sind gute Initiativen, ohne die die Welt ärmer wäre.

Da war einmal ein Spitalsdirektor, der ließ noch schnell eine psychosomatische Klinik errichten. Er wusste, dass diese Klinik nicht gebraucht würde und dass dort alles andere als psychosomatische Patienten behandelt werden würden. Aber er war am Ende seine Karriere, die ihn so weit hinaufgespült hatte. Und er versammelte die anderen Ängstlichen rund um sich, und sie machten Arbeitsgruppen und Netzwerke, die beweisen sollten, dass die Klinik notwendig war. So wurde also die Klinik errichtet und dort seine Büste aufgestellt, und da der Ort des Geschehens eine ökonomische Randzone war, wurden auch förderungswürdige Arbeitsplätze geschaffen. Dass durch diese Institution nirgendwo anders mehr Betten für psychosomatisch Kranke errichtet werden konnten und dass in dieser Klinik Forschungstätigkeiten hätten stattfinden sollen, was aber nicht geschah, war zu erwarten gewesen.

Die Geschichten beweisen nichts. Sie sind ein Kaleidoskop von Bewältigungsstrategien, in denen man Licht und Schatten, Farben und Formen sehen kann. Sie sollen Anregungen, Abschreckungen und Ermutigungen sein.

Charly Blecha,
Obmann des sozialistischen
Pensionistenverbands,
gewidmet.

Es gibt mehr grantige alte Männer als zornige junge Burschen

Um eine Gesellschaft zu entwickeln, bedarf es der Beteiligung aller. Selbst in demokratischen Gesellschaften nehmen aber nicht alle teil. Manche sind verdrossen, wollen zwar mitreden, nehmen aber an, dass sie ohnehin nichts ändern können. Viele junge Bürger ärgern sich über die Politik, besonders jene Aspekte, die sie selbst betreffen, trauen sich aber keine entscheidende Einflussnahme zu und lassen es daher von Anfang an bleiben.

Nach dem Erscheinen des Buches von Stéphane Hessel „Empört Euch", das die Umsetzung der Ideale der Résistance auf europäische Politik forderte, kam einige politische Bewegung in Gang. Angeheizt durch die sogenannte Finanzkrise entstand ein neues Phänomen: der Wutbürger. Ältere Menschen, die in ihrer aktiven Zeit viel zu sagen hatten und nun im Ruhestand den Nachfolgern ausrichten lassen, wie sie es richtig machen sollen. Und zwar so, dass es nicht gehen kann.

Hannes Androsch, einst Österreichs jüngster Finanzminister und dann Millionär, rief ein Volksbegehren zur Bildungspolitik ins Leben, das in seinen Grundsätzen von niemandem bezweifelt wurde. Denn die Entwicklung der österreichischen Bildungspolitik steht nicht vor der Frage, wie Bildung in Österreich stattfinden sollte. Alle Beteiligten wissen das und haben in den PISA-Studien aufmerksam gelesen, was die Gewinner anders machen Österreich. Sie waren wie Hannes Androsch in Finnland, haben dort das Zusammenwirken von Eltern, Lehrern und Schülern gesehen und wahrgenommen, dass diese Art des Lernklimas für alle ideal ist. Daran besteht für die Aktiven ebensowenig Zweifel wie für Hannes Androsch und seine Mitstreiter. Allerdings spießt sich die Entwicklung der Bildungspolitik an den unterschiedlichen Auffassungen der Lehrer und der sogenannten Dienstgeber. Während für die Bevölkerung nicht nachvollziehbar ist, warum Lehrer halbtags arbeiten und zwölf Wochen Urlaub haben müssen, behauptet die Gewerkschaft, dass ihre Mitglieder überlastet sind, Erziehungsaufgaben der Eltern zu übernehmen haben und aufgrund der schlechten Arbeits- und Lebensbedingungen sehr oft krankheitshalber früh in den Ruhestand übertreten müssen. Dazu kommt der erwähnenswerte Umstand, dass die Lehrer in den Ländern vom Bund bezahlt werden, ihr Dienstgeber aber das jeweilige Bundesland ist. Diese Machtbasis und dieses Wählerpotenzial will sich keiner der Landesherren rauben lassen, und so kann sich fast nichts ändern, weil die Interessen, die zu vereinen und zu diskutieren sind, nichts mit Bildung und dem Erreichen von Spitzenleistungen zu tun haben.

Denkt man weiter, so setzt sich dieses Problem fort: Alle österreichischen Universitäten zusammen haben ungefähr das Budget, das einer der amerikanischen Efeuuniversitäten (Efeuuniversitäten sind die acht ältesten Hochschulen der USA, also Columbia, Harvard, Princeton, Yale etc.) entspricht. Zugegeben ist Geld in der Forschung und der Lehre nicht alles, aber ohne ist es schwer. Schaut man nur in die Schweiz, sieht man, dass die Schulen Kantonsache sind, die Universitäten aber bis in die letzten Details seit Jahrzehnten Weltspitze sind. Das liegt daran, dass sehr viel Geld in die Universitäten gesteckt wird, das liegt daran, dass nur Leute von außen an die Spitze berufen werden, weil nur sie neue Impulse setzen können. Und das liegt letzten Endes daran, dass die Schweiz eine Tradition des Mangels und des Hungers hat und weiß, dass nur intellektuelles Potenzial und die Bankenpolitik die Schweiz zu dem reichen Staat gemacht haben, der sie heute ist. Sicher, auch in der Schweiz wird der Kantönligeist bemängelt, sicher werden auch dort schwere Fehler gemacht, insgesamt ist sich die Gesellschaft der Bedeutung der Bildung aber bewusst.

Doch zurück zu den alten Männern: Sie hatten ihre Chance. Charly Blecha war langdienender und bekannter Innenminister Österreichs. Wenige Jahre nach seinem Rücktritt erfuhr man, dass bei einer Gewerkschaftswahl im Innenministerium und der diesem Ministerium angeschlossenen Polizei die freiheitliche Gewerkschaft führend war. Das war überraschend, weil die sozialdemokratische Partei seit 1945 immer darauf geachtet hatte, das Innenministerium in jeder Koalitionsregierung zu besetzen. Nur wenige Jahre, während der ÖVP-Alleinregierung, war der Innenminister ein Mitglied der Volkspartei gewesen. Wie kann es dann passieren, dass die Beschäftigten mehrheitlich zum politischen Feind überlaufen? Man kann die Nähe zwischen Sozialismus und seiner nationalen Erscheinungsform dafür verantwortlich machen, wie es schon in der Diskussion um die Weltrevolution zwischen Stalin und Trotzki ein Thema war. Man kann die Verführbarkeit der Ordnungsmacht durch die Ideen von Recht und Ordnung anführen. Kritiker sehen auch in den Nachfolgern Blechas, die sich sehr im Fremden- und Zuwanderungsrecht engagierten und dabei den Aspekt der Internationalität und der

Völkerfreundschaft vernachlässigten, die Ursache für den Rechtsruck in der Polizei. Wie dem auch sei: Karl Blecha hatte seine Chance.

Dann wird er Pensionistenobmann und bleibt streitbar wie eh und je. Plötzlich will er – genauso wie andere – den jetzt aktiven Politikerinnen und Politikern ausrichten, wie sie es zu machen hätten. Er und andere bezeichnen sich als Wutbürger, erzürnen sich über großkoalitionären Stillstand und machen Vorschläge, wie der Staat besser geführt werden könnte. Neben dem Verteilungskampf, der im Kapitel „Ruhestandsdiskussion" später noch erläutert wird, kümmern sie sich um die Zukunft des Landes. Sie werden als Einmischung erlebt und zwar deshalb, weil sie eine sind.

Der international berühmteste österreichische Nachkriegskanzler Dr. Bruno Kreisky, der meine Jugend und mein junges Erwachsenenalter prägte, konnte den Rückzug aus der Politik sehr schlecht verkraften. Den Begriff des Wutbürgers kannte man noch nicht. Jahrelang hob ich einen Cartoon von Piestremovic auf, in dem man Kreisky, einem Ghettojuden gleich, mit einem Leiterwagerl voll von Erinnerungen und Geschenken, schimpfend und zerrissen, mit schlechtem Schuhwerk, auf dem Weg zurück ins Städtele gehen sah. Ich war davon sehr betroffen. Kreisky hatte immer viel Wert auf sein englisches Schuhwerk gelegt, das er sich in Wien bei der Firma Scheer machen ließ. Er war besonders erpicht darauf, sich seine Maßanzüge in der Wiener Innenstadt machen zu lassen, und sein Lebensstil war großbürgerlich, was man ihm in der SPÖ bisweilen übel nahm. Doch schon nach wenigen Bemerkungen des Privaten, des Ehrenobmanns, verwandelte ihn der sensible Cartoonist wieder in das, was er immer gewesen war. Der aus dem Ghetto durch das Toleranzpatent Kaiser Josefs II. entkommene Jude, der kurz die Bühne der Weltpolitik betreten durfte. Kreisky scheute keine Kosten, um es so weit zu bringen: Er berief zwei ehemalige SS-Mitglieder in seine Koalitionsregierung mit der FPÖ, er empfing den damaligen Vorsitzenden der Al-Fatah Yassir Arafat mit Handschlag in Wien, und er kritisierte die Politik Israels, wo sein Bruder lebte, allerorten. Doch es hat ihm nichts genützt: Unmittelbar nachdem er krankheitshalber und nach dem Verlust der Macht durch den Sieg des AKW-Volksbegehrens abgedankt hatte, war er wieder der Ghettojude, als den ihn alle immer gesehen hatten und der er nie war und nicht sein wollte. Was ihm aber besser als so manchem ehemaligen Politiker heute gelang, war der Rückzug im altrömischen Sinn. Aus Mallorca kamen zwar hier und da „Sager", aber insgesamt ließ er seinen glücklosen Nachfolger Fred Sinowatz selbstständig arbeiten.

Ist es also eine anstrebenswerte Rolle für die Alten, sich so einzubringen, dass sie den Jungen sagen, wie man es zu machen hat? Ich glaube nicht! Denn erstens interessiert die Lebenserfahrung fast nicht, sonst würde nicht jeder Mensch als Idiot im Wortsinn geboren werden und annehmen, dass er die Welt neu erfindet. Zweitens hatten die Alten ihre Chance. Sie haben sie so gut genutzt, wie sie konnten. Der österreichische Vizekanzler Josef Pröll, der lange Zeit als Neffe des niederösterreichischen Landeshauptmanns belächelt wurde, hat anlässlich seines Rücktritts seine Sicht der Politik präsentiert. Zu meiner Überraschung wusste er ganz genau, wie man die Bildungs-, die Währungs- und die Agrarpolitik verändern und weiterentwickeln müsste. Er war sich auch der Hindernisse bewusst und kannte die nationalen und europäischen Probleme, die einer Lösung in seinem Sinn entgegenstanden. Er bedauerte, dass er in seiner Position nicht mehr in die von ihm als richtig beurteilte Richtung hatte machen können. Das Besondere war, dass er alles wusste, was ihm seine Kritiker und die Wutbürger in den Monaten zuvor ausrichten hatten lassen. Er konnte es nur nicht in der Weise umsetzen, wie er es gerne gewollt hätte. Manche dachten danach, dass die Krankheit Josef Pröll zu Hilfe gekommen sei, weil das eine anerkannte Fluchtmöglichkeit aus diesem frustrierenden Umfeld gewesen wäre. Denn es muss doch furchtbar sein, wenn man weiß, wie es gehen könnte, und nach Meinung der Menschen auch die Macht hätte, es umzusetzen, und dann sehen muss, dass weder die angebliche Macht noch das Wissen nutzen. Man stößt an unüberwindbare Hindernisse und wird entweder bitter oder krank. Da muss sich dann der Wutbürger fragen, ob er es wirklich besser machen könnte als die, die jetzt an der Macht sind.

Johann Nestroy, der weise österreichische Dichter des Vormärz und der bürgerlichen Revolution von 1848, ließ sein Alter Ego sagen: „Wenn i amol was z'reden hätt, i zündert alles an!" Und wenn es zur Frage der Zukunftsangst kam, dann verwies er im Lumpazivagabundus auf den Kometen, der bald kommt und die Welt auslöscht. So viel hat sich in der Geschichte Österreichs nicht geändert. Angesichts der divergierenden Ziele „Weltgeltung in der Forschung" und „Schulpolitik als Ländersache" ist der einzige Modus vivendi der dauerhafte Stillstand.

Wenn man sich schon im Sinn der Allgemeinheit beteiligen will, wäre es doch angemessener, die zornigen Jungen zu unterstützen. Angesichts der europäischen Lage (2012) mit dem plötzlichen Fokus auf die griechische Situation böte sich da der Führer der Vereinigten Linken an. Er vertritt den Standpunkt, dass die Hilfe, die die EU Griechenland angedeihen lässt, sein Land entwürdigt und seine Bürger in die Armut treibt. Seine Argumentation ist von Karl Marx, Friedrich Engels und deren ökonomischer Theorie beeinflusst. Er vermutet, dass die EU-Förderung Griechenlands vor allem den ausländischen Banken zugutekommt, die sonst ihre Forderungen gegenüber griechischen Banken in den Rauchfang schreiben könnten. Er ist ein zorniger junger Mann, voll des Wunsches, seinen Landsleuten zu helfen, neue Wege zu gehen und sich nicht mehr von den mächtigen und reichen EU-Staaten seinen Weg vorschreiben zu lassen.

Man kann seine Argumentation mögen oder ablehnen. Man kann sich den Lösungsversuchen der europäischen Rechten anschließen, die die Einwanderung aus Afrika und die Aufgabe der nationalstaatlichen Souveränität durch die EU-Verträge bekämpft und eine Rückbesinnung auf den jeweiligen Staat und die Volksgemeinschaft fordert. Auch dort findet man zornige junge Menschen, die sich politisch engagieren und Lösungsansätze im Sinne ihrer Ideologie anbieten. Selbst in den sogenannten herkömmlichen Parteien gibt es immer wieder genug zornige Junge. Sieht man Werner Amon oder Josef Cap, die ich beide als zornige Junge kennengelernt habe, und was aus ihnen wurde, so kann man gut nachvollziehen, was der Beruf des Politikers aus einem Menschen macht. Er lernt die Kunst des Möglichen, ein Kompromiss jagt den anderen, nichts ist nach den eigenen Vorstellungen verwirklichbar, und letzten Endes hat man sein Leben unbedankt, aber mit ganz gutem Gehalt in den Dienst der Gemeinschaft gestellt.

Zieht man sich dann zurück – siehe oben. Für den

Alten, der Stéphane Hessel gelesen hat und mitgestalten will, gibt es daher nur einen Weg: Er macht selbst mit, aktiv und in Kenntnis der Gefahren. Wissend, dass er fast gar nichts mehr riskiert im Gegensatz zu den Menschen, die in den letzten Jahren die sogenannte arabische Revolution unter Einsatz ihres Lebens herbeigeführt haben, weiß der Alte, dass er nur wenige Jahre in die Waagschale wirft, welche nicht seine besten sein würden. Er kann sich exponieren wie es zum Beispiel Günther Nenning machte, der sich ein Hirschgeweih für eine Pressekonferenz aufsetzte, um so die Verbauung der Hainburger Au zu verhindern. In ihm und seinem dauerhaften Widerstandsgeist kann man eher ein Vorbild finden, als in jenen, die unverlangte Ratschläge geben. Mag sein, dass der Wunsch zu beraten unabweisbar ist, doch des Wolf Biermanns bekannter Satz lautet immer noch: „Tief bewegt sein ist was Schönes, besser ist's sich selbst bewegen!"

Als ich den Autor Wolf Biermann im Grazer Literaturhaus kennenlernte, stellte ich mich ungelenk als Kinderarzt vor und sagte, dass ich, wäre ich Augenarzt geworden, vielleicht die Karriere Che Guevaras eingeschlagen hätte. War doch besser so, meinte Wolf Biermann, und schrieb mir eine Widmung in sein neues Buch. Vom Scheinwerferlicht geblendet versuchte er dann, Kontakt mit dem Publikum aufzunehmen, in dem versonnene Rentner saßen und an ihre revolutionären Zeiten dachten. Vergangenheitsschwanger und Rückblicksromantiker. Da würde dann auch Taubenfüttern reichen, wenn man sich nicht exponiert, weder im eigenen noch im größeren Umfeld, sondern zu Hause bleibt und vom Ohrensessel aus Ratschläge erteilt.

Forever young – ein Lebensentwurf

Gesund und bewegt ins Alter, liebend und eine gute Frau zu Hause (oder einen Mann), nicht rauchen und nicht allzuviel essen und trinken – das sind die Rezepte für das richtige Alter. Komischerweise geht es aber schief, wenn man sich zu sehr mit Gesundheit und Bewegung beschäftigt, weil man dann so am Leben zu hängen beginnt, dass man vor lauter Angst erst recht wieder ungesund lebt. Da ist es schwer, einen Mittelweg zu finden.

Sieht man sich die Verkaufszahlen der pharmazeutischen Industrie in den letzten Jahren an, so machen diese eigentlich wenig Gewinn mit unverzichtbaren Medikamenten, etwa gegen Infektionen oder Herzschwäche, den größten Brocken bringen sie mit sogenannten Lifestyle-Medikamenten ein. Die Erfolgsgeschichte begann mit Valium, das durch Zufall entdeckt wurde. Affen, so sah man, wurden nach Einnahme dieses Medikaments weniger aggressiv. Und auch für den Menschen sah man es als Vorteil an, weniger Aggressionen zu haben, besser zu schlafen, weniger Ängste zu empfinden – einfach im Alltag besser zu funktionieren. Bald stellte sich heraus, dass man sich sehr leicht an diese Medikamente gewöhnt. Ein Grund mehr, sie entschieden zu vertreiben. Schon die Tabakindustrie hat gezeigt, dass es besser ist, wenn der Kunde das Produkt haben muss. Dann kauft er es, auch wenn er wenig Geld hat und weiß, dass er es besser bleiben lassen sollte.

Die Erfolgsgeschichten der letzten Zeit heißen Viagra®, Reductil®, Xenical®. Viagra® macht es (ebenso wie Cialis® und andere) möglich, dass ein Mann, der unter Potenzproblemen leidet, wieder kann. Die Nebenwirkungen sind Herzrhythmusstörungen. Manche Menschen sterben auch daran. Da es aber ein „freiwilliges" Medikament ist, kann man die Menschen nicht daran hindern, es zu nehmen. Reductil® verhindert die Aufspaltung des Fett-Eiweiß-Komplexes im Zwölffingerdarm und dadurch die Aufnahme in den Körper. Beenden die Menschen die Kur mit Reductil®, so werden sie meist verstopft, weil der Stuhl trockener wird (das führt sie zu Reductil® zurück). Außerdem kommt beim Absetzen von Reductil® der altbekannte Appetit zurück, die Klienten stehen wieder dort, wo sie begonnen haben. Inzwischen gibt es keine wirksamen Medikamente gegen Fettleibigkeit mehr, da alle so viel eingenommen wurden, dass mehrfach kranke Menschen daran gestorben sind und die Firmen die Medikamente vom Markt nehmen mussten. Jetzt ist nur das Hungern geblieben.

Will man alt werden, sollte man angeblich regelmäßig zur Vorsorgeuntersuchung gehen. Dort geht es einem, wie wenn man das Auto ohne Grund zum Service stellt. Der Doktor und seine Apparate finden sicher irgendetwas. Vor allem ist man zu dick. Daher verschieben sich bei den meisten Menschen über fünfzig die Fettstoffwechselwerte, entweder das Cholesterin oder die Triglyceride sind zu hoch, und schon ergeht die Empfehlung, ein Medikament gegen diese Verschiebungen zu nehmen. Diese Medikamente verhindern entweder die Aufnahme bestimmter Substanzen aus dem Darm (Heuzubereitungen wie Quantalan®) oder sie verhindern vielleicht die Anlage von Fettpölsterchen in den Gefäßen, wie die Statine. Es gibt aber noch eine Reihe komplizierterer Medikamente, und zuletzt kann man sagen, dass man „statistisch gesehen" dem Gesunden, der nun zu einem Patienten gemacht wurde, geholfen hat. Andere Menschen zeigen einen erhöhten Blutdruck, der sie noch nie gestört hat. Manchmal tritt der auch nur in der Untersuchungssituation auf und hat daher den Namen „white collar hypertonia" bekommen. Oftmals wird aber dann behandelt, zumindest ein Messgerät für zu Hause verschrieben, und schwups – auch dieser gesunde Mensch wurde zum Patienten.

Die Möglichkeiten, dass der Gesunde zum Kranken wird, sind fast unbegrenzt. Man kann noch psychische Störungen, Schlafprobleme, Allergien und vieles andere feststellen und behandeln. Aber die großen Drei sind sicher: Fettsucht, Bluthochdruck und Angst. Seltener kommt dann noch anderes wie Gelenksbeschwerden oder Wirbelsäulenprobleme hinzu, gegen die Kuren verschrieben werden – auch diesen Menschen kann geholfen und ihre freie Zeit mit Behandlungen gefüllt werden.

Auch die moderne Zahnmedizin kann alles dazu tun, die Menschen gut zu unterhalten. In prächtig ausgestatteten Ordinationen mit jungen, schön anzusehenden und wohlriechenden Menschen werden Zahnersatz und Implantologie betrieben. Diese machen über Jahre aus einem Menschen, dem man zwei Zähne ziehen musste, weil Zahnfleischschwund die Zahnhälse offengelegt oder Karies die Wurzel erreicht hatte, einen dankbaren Patienten, der sich über den gelungenen Zahnersatz freut und nie eine Prothese tragen müssen wird.

So gut kann es ausgehen: regelmäßige Vorsorgeuntersuchungen inklusive der Untersuchung, ob man geschlechtsspezifischen Krebs hat, Verordnung und Einnahme von Medikamenten, und ab nun ist man nicht mehr gesund. Ein einfacher Blick auf die Medikamentenschachtel zeigt das an. Die Waage wird zum selbstverständlichen Begleiter, ebenso das Blutdruckmessgerät. Fährt man auf Urlaub, nimmt man nun zwei Täschchen mit: Einen Kulturbeutel (in Österreich noch immer auf französisch Necessaire genannt) und eine Tasche für die Medikamente, in der auch Bedarfsmedikamente sind, die bei besondern hohem Blutdruck einzunehmen sind. Auch eine Art der Angstbewältigung: Abhängigkeit von der Medizin und Einnahmen derer Wunderdingen!

Bedauerlicherweise haben diese beschriebenen Aktivitäten nur allergeringste Lebensverlängerungen zur Folge: Es gibt fast keine Hinweise, dass Menschen, die sich in Patienten verwandeln, deshalb länger leben. Es gibt aber unzählige Hinweise, dass dadurch das Leben weniger Spaß macht, die Ängste größer und die Nebenwirkungen der Medikamente als sehr unangenehm empfunden werden. So machen die meisten Bluthochdruckmedikamente die Männer impotent, weshalb sie gerne Viagra® einnehmen würden. Das dürfen sie aber nicht, weil es den Blutdruck steigern würde. Genauso ist es mit den Medikamenten gegen Fettstoffwechselstörungen: Sie verändern bei manchen Menschen das Geschmackserlebnis, bei anderen lösen sie Bauchspeicheldrüsenentzündungen aus. Diese sind schlimmer als alles, wogegen das Medikament ankämpfen hätte sollen.

Unbekannt ist, ob es dem Menschen möglich ist, ganz ohne „Krücke“ zu leben. Da ist es schon besser, sich mit Bewegung und Gesundheitsvorschriften zu befassen. Schön ist es, wenn man sich bewegen kann, schön ist es, wenn man noch normal gehen und atmen kann, schön ist es, wenn einen der Arzt bei der Vorsorgeuntersuchung lobt. Man bezahlt den Preis in Form von „Nebenwirkungen“: Man haftet an dem Leben mehr an und verliebt sich in die eigene Methodologie. Erzähle einem keiner, dass man läuft oder schwimmt oder weniger isst und sich dann nicht in den eigentlich zerfallenden Körper verliebt und infolgedessen eben nicht von sich selbst lassen will. Humor kann einen schützen, aber tut er das wirklich?

Der große österreichische Romancier Heimito von Doderer hat eine kleine Novelle geschrieben, die er den „Umweg“ genannt hat. Ein junger Mann wird zum Tod verurteilt. Da seine Tat im Zorn geschah, kann er begnadigt werden, wenn ihn eine der anwesenden Jungfern heiratet. Eine, der er gut gefällt, will ihn, bekommt ihn – sie werden glücklich miteinander. Jahre später kommt es aus einem nichtigen Anlass in der Schmiedewerkstatt des ehemals Verurteilten zu einer Auseinandersetzung, in deren Verlauf der Schmied den anderen erschlägt. Das Ehepaar sieht sich wieder unter dem Galgen, allerdings kann der Verurteilte seiner Strafe nun nicht mehr entgehen.

Solche Umwege gehen Menschen, die sich einer Beratung zur Verlängerung ihres Lebens unterziehen.

Und es bleibt eine klare Rechnung: Wenn sie die Beratung ernst nehmen und sich mehr bewegen, benötigen sie für diese Bewegung voraussichtlich mindestens die Zeit, die sie dadurch zum Schluss angehängt bekommen. Aber nicht einmal das ist sicher, sondern eine Rechnung, die man ohne den Wirt macht. Wenn man weniger isst und sich zwangsläufig mehr mit seinem Hunger beschäftigt, Kalorien zählt, Abendessen weglässt (ganz zu schweigen von Trennkost oder sonstigen schwierigen Essensvorschriften), dann benötigt man dafür so viel Zeit und Aufmerksamkeit, wie alle diese Programme einem „zum Schluss" bringen. Und dieses „zum Schluss" – welche Rechnung! Man kann dann vielleicht als Mann im besten Fall 82 statt 78 Jahre alt werden. Ob dies die besten Jahre sind, bleibt dahingestellt. Vielleicht fühlt man sich als Älterer besser, vielleicht aber bereut man verpasste Gelegenheiten und Möglichkeiten. Die Frauen, die man nicht kennengelernt hat, die Männer, denen man einen Korb gegeben hat. Von den gesundheitlichen Beschwerden und Behandlungen, die in diesen Lebensjahren anfallen, ganz zu schweigen.

Wieso dann trotzdem? Wieso trotzdem ewig leben? Weil man sich schon im Alter zwischen fünfzig und sechzig besser fühlen will. Man will sich noch gern in den Spiegel schauen. Man will die Stiegen vor einem nicht als Hindernis empfinden. Man will nicht ein Auto nehmen müssen, wenn die Kinder und Kindeskinder spazieren gehen. Man will noch Dinge essen können, die schon verboten sind. Und man will noch eine Rolle im Leben spielen, vielleicht der letzte Auftritt, vielleicht aber doch erst der vorletzte.

Franz Antel war zu Lebzeiten Österreichs bekanntester Filmregisseur. Er machte Qualitätsfilme mit Hans Moser und Willi Forst, er machte Schund in der Zeit der frühen Sexfilmchen, und er machte in fortgeschrittenem Alter den „Bockerer" von Ulrich Becher mit Karl Merkatz, der dem Widerstand, aber auch der Verlogenheit ein Denkmal setzte. Antel war immer schlank gewesen, sportlich – abgesehen von seiner Begeisterung für Fußball – nie. Er ernährte sich nicht gesund und besuchte den Opernball öfter als seinen Arzt. Er lebte gut, vor allem als Schwerenöter und Star der „Wien Film". Die Schonung entstand durch den Erfolg, der Erfolg machte ihn jung und ließ ihn alt werden. Wäre er älter geworden, wenn er mehr Sport gemacht oder die anderen ärztlichen Ratschläge, die sich auf Studien gründen, befolgt hätte? Unbekannt. Bekannt ist, dass er so alt wurde, dass er selbst schon an seinem Tod zu zweifeln begann.

Nicht weit von Franz Antel saß der „Erfinder" des österreichischen Musicals, Marcel Prawy, jeden Abend in der rechten Proszeniumsloge im ersten Rang. Jeden Abend. Er sagte, er lernte jeden Abend Neues. In den Jahren zwischen fünfzig und sechzig Jahren rauchte er, machte eine vierzehntägige Fernsehsendung und war sehr bekannt. Daneben schrieb er viele Berichte und Kritiken in Zeitungen, erfand die Opernfestspiele im Steinbruch St. Margarethen und sammelte Papier. Dafür benötigte er eine eigene Wohnung, er selbst wohnte im Hotel Sacher. Seine Ernährung wurde im Laufe der Zeit sparsamer. Er kochte nie und mied private Essenseinladungen so weit es ging. Er aß im Sacher, vor allem die Gerichte der klassischen österreichischen Küche. Am Abend saß er in der Oper und war verzaubert. Manchmal ging er danach mit den Künstlern ins Sacher und aß mit ihnen, rauchte und spielte zu später Stunde Klavier. Als er starb, hinterließ er eine Wohnung voller Zeitungsausschnitte, ungespielter Operetten und Musicals, Bücher und Notizen sowie einen ziemlich gesunden Körper, dem allein das Alter zugesetzt hatte.

Wieder kein Beispiel für die Vorteile von gesundem Leben und Sport. Wieder kein Beleg dafür, dass man die Städte „zerrennen" soll und dass der Wörthersee vor allem dazu gut ist, an seinem Nordufer entlangzurennen oder ihn schwimmend zu durchqueren.

Es scheint eine Art der Schonung zu geben, die man an denen studieren kann, die alt geworden sind. Diese Schonung heißt nicht, sich zu schonen, sondern schon beizeiten daran zu denken, dass man älter wird und dass es die Tendenz der Gesellschaft ist, die Alten auszustoßen. Diese Tendenz, die bereits bei den Römern besprochen wird, hat sich nicht geändert und ist in dem

Wunsch der Jungen begründet, die guten Posten zu besetzen. Für die Alten hingegen ist es besser, wenn sie bleiben können, besonders wenn die Tätigkeit Erfüllung und gesellschaftliche Anerkennung bringt.

In der österreichischen Kriminalserie „Rex" hat der kürzlich verstorbene österreichische Volksschauspieler Fritz Muliar einen pensionierten Kommissar gegeben, der im Billardkaffee ist und immer wieder von seinem Nachfolger um Rat gefragt wird. Tobias Moretti, der die Rolle des Nachfolgers in der ersten Staffel spielte, konnte diese Interaktion gut darstellen. Der Wunsch des Alten, sich direkt einzumischen, wird abgewehrt, seine Kenntnisse und Erfahrungen aber genutzt. Solche Interaktionen wären sicher öfter wünschenswert, sind aber die Ausnahme und nicht die Regel.

Eine Lebensversicherung hat vor Jahren einen Spot im Fernsehen geschaltet. Man sah einen älteren Mann, der gut und fit aussah, wie er Sonnenschirme am Strand entfaltete. Er arbeitete so, dass klar war, dass er den ganzen Tag als Strandwärter arbeiten würde. Dann schwenkte das Bild, und derselbe Mann war am Strand, nutzte die Liegen, ging mit seiner ebenfalls betagten Frau ins Wasser und umarmte sie in den Strahlen der untergehenden Sonne. „So oder so?", fragte die Stimme des Sprechers aus dem Off. Immer wenn ich diesen Spot sah, wollte ich zum Computer gehen und meine Lebensversicherung kündigen. Und ich sah ihn oft. Der Mann der ersten Einstellung kam mir zufrieden und froh vor. In der zweiten Einstellung, in der er glücklich gezeigt wurde, wie er seine Frau umarmte, kam mir die Szene gespielt, unwahr und schlecht vor. Sie erinnerte mich an Szenen, die ich an Italiens Stränden erlebt hatte:

An einem Strand im Süden Italiens hat ein Strandwärter Dienst, der weit über 75 Jahre alt ist. Er beginnt fröhlich jeden Tag um 6:45 Uhr. Er spannt die Schirme auf, richtet die Betten und hat erste Gäste, die sich in den Sand eingraben lassen. Der Sand ist warm und die Menschen versprechen sich von diesen Sandbädern Erquickung und Heilung rheumatischer Beschwerden. Im Winter hat das Meer den ganzen Strand weggefegt, auch sein kleines Häuschen. Er hat alles wieder aus Holz aufgebaut, dann aber auch mit einer kleinen Sitzecke und einer Toilette. Wenn es Abend wird, verkauft er die Strandliegen für den nächsten Tag. Da die Sonne dann tief steht, setzt er sein rosa Baseball-Kapperl auf und geht von Liege zu Liege, um zu erfahren, wer auch morgen wieder eine Liege (gegen Vorauskasse) mieten will. Dann gräbt er von 17:30 Uhr bis 19:00 Uhr wieder drei Leute ein, jeweils 22 Minuten. Er schaut bei den „Eingegrabenen" alle fünf Minuten vorbei, wischt ihnen den Schweiß vom Gesicht und fragt, wie es geht. Dafür kassiert er zehn Euro, die allein ihm gehören. Es gibt dafür auch keine Bestätigung, das Wechselgeld hat er in seiner knappen Badehose. Ab 18:00 Uhr kommen mehrere Damen, die Franco besuchen. Sie legen sich auf die Liegen in der vierten Reihe und freuen sich, wenn Franco sie anspricht. Er macht gern Witze, seine Stimme ist laut. Was immer man sagt, er stößt ein „Äh!“ aus, das aus den Tiefen seiner Brust kommt. Er ist nicht groß, dunkelbraun und hat einen weißen gepflegten Bart, der sein Gesicht einrahmt. Er bietet nichts: Der Strand, den er verwaltet, hat nur ein Klo, aber kein Restaurant, keine Unterhaltungen, keine Boote außer einem alten Tretboot und dem Rettungsboot, das nur Franco benutzen darf. Francos Abzeichen ist ein auf einem Pfosten montierter Rettungsring, den er noch nie gebraucht hat, der aber zeigt, dass Franco Rettungsschwimmer ist. Man kann sich auf ihn verlassen. Widerrede gibt es bei ihm keine.

Unlängst kommt ein Mann um 18:30 Uhr und legt sich auf eine Liege in der ersten Reihe. Die Liege war bereits für die Nacht vorbereitet. Franco geht hin und sagt, dass jetzt keine Liegen mehr vermietet werden und der Mann weggehen soll. Der Mann bleibt, Franco schimpft. Letzten Endes nimmt Franco das Ganze zur Kenntnis, das sonst so eherne Gesetz Francos findet in dem jungen Menschen seine Grenze. Unbehelligt spricht Franco mit dem rosa Kapperl mit seinen späten Gästen und verabredet sich mit einer der Damen zum Abendessen. Am nächsten Morgen kommt er wieder um 6:30 Uhr und spannt die Sonnenschirme auf.

Fazit: Arbeit hält jung. Sich gebraucht fühlen, sich

nützlich fühlen, wichtig sein in der Welt und bedeutsam, das ist es, worum sich alles dreht. Und um die eigenen Grenzen wissen.

Auch ich bemühe mich, gesund älter zu werden. Ich laufe fast täglich, esse nicht übermäßig (bin dennoch übergewichtig), trinke nicht täglich Alkohol und mache somit das, was man allgemein empfiehlt. Auch ich nehme am Nullsummenspiel teil (siehe oben). Ich freue mich, dass ich Nahrungsmittel essen kann, die ich früher nicht vertragen habe. Mit meiner ziemlich ausgeprägten Laktoseintoleranz führte schon ein Cappucino, erst recht ein Café latte, zu Blähungen und Bauchweh. Heute kann ich wegen des Laufens problemlos ein Frühstück aus zwei Spiegeleiern, Cappucino und Butterbrot mit Marmelade einnehmen und fühle mich danach so wohl wie zuletzt als Kind. Ebenso geht es mir mit allem Fetten und Eiweißreichen, wie etwa geschmolzenem Käse auf einer Pizza. Heute kann ich eine Pizza quattro formaggi sogar abends essen und dann – vielleicht mit einem kleinen Grappa als Verdauungshilfe – beruhigt schlafen gehen. Der Grund ist, dass durch die Bewegung die Passagezeit des Speisebreis im Darm kürzer ist und daher der Darm leichter mit dem Unverdaulichen fertig wird.

Die Beendigung des Zigarettenrauchens hat meiner Lunge gut getan. Nach vierzig Jahren rauchen, allerdings nur drei bis vier Zigaretten pro Tag und selten einer Zigarre, habe ich eines Jänners beschlossen, aufzuhören. Mein durch die Anstrengung und die kalte Luft ausgelöstes Asthma bronchiale, das ich seit Kindheit habe, zwang mich, den Morgenlauf durch die Einnahme von Sprays zu unterstützen. Das gleichzeitige Einnehmen von Medikamenten gegen Asthma und das Rauchen kam mir komisch vor. Friedrich Kummer, berühmter Facharzt für Lungenkrankheiten, schrieb in einer Ärztezeitung, dass schon drei Zigaretten pro Tag eine Belastung für die Lungenfunktion seien und dass selbst das Rauchen einer so geringen Anzahl von Zigaretten schädlich sei. Ich kann das kaum glauben, sehe aber ein, dass Rauchen out ist, wenn man nicht einmal mehr auf einem Perron rauchen darf, während man auf seine Freundin wartet. Die Käfige auf den Flughäfen, in die die Raucher gesperrt werden, die Gesichter der frierenden Raucher im Winter in den italienischen Städten vor den Bars – das alles machte mir klar, dass Rauchen nicht mehr das ist, was es zu John Waynes Zeiten war. Also Schluss damit. Und damit das Ganze gleich auch zu einer Willensübung wurde, habe ich ein Jahr lang die Zigarettenpackungen dort liegen lassen, wo ich sie davor zu benutzen pflegte. Neben der Kaffeemaschine zu Hause, unter dem Schreibtisch in der Klinik – genau so, dass ich jederzeit und ungehindert wieder anfangen hätte können. Und war natürlich sehr stolz, als ich diese drei Packungen vor zwei Jahren wegwarf. Die Zigaretten waren trocken geworden, aber ihr Geruch war immer noch der altbekannte, und ich roch an ihnen, bevor ich sie in den Kübel warf.

In der Tat brauche ich seither weniger und seltener Medikamente, um einem Asthmaanfall vorzubeugen. Nur mehr selten, wenn es sehr kalt ist und wenn ich ein wenig Schnupfen oder Husten habe, wie es bei einem Kinderfacharzt nach einem Nachtdienst nicht selten vorkommt, muss ich mich behandeln. Obwohl ich fast alle Viren kenne und mich jährlich gegen Grippe impfen lasse, sind das enorme Ausmaß der Viren, denen ich ausgesetzt bin, und die Müdigkeit, die unweigerlich nach einem neunundvierzigstündigen Nachtdienst kommt, doch dazu angetan, eine Infektion zu begünstigen. Wenn die Infektion ohne Fieber verläuft und ich gut Luft bekomme, laufe ich dennoch am Morgen und nehme einen Spray ein. Ich weiß aber, dass ich dieses Problem nicht hatte, als ich noch nicht lief, und dass der Genuss, der mit dem Zigarettenrauchen nach dem Abendessen verbunden war, für immer verloren ist. Der Sauerstoffmangel im Gehirn, die beruhigende Wirkung des Nikotins, halfen mir einzuschlafen. Bei einer Zigarette im kleinen, winterlich ruhigen Arbeitszimmer zu sitzen und etwas in den Computer zu tippen war ein Vergnügen, das ich vermisse. Dafür gibt es keine Entschädigung, und es fällt mir schwer zu glauben, dass die Zeit und die Freude, die ich aufgegeben habe, am Ende eines vielleicht schon heroben beschlossenen Lebensfadens wirklich dazugewirkt werden.

Ein Freund von mir, der seit Jahren schwimmt und Tennis spielt, abgenommen hat und auch nicht mehr raucht, warnte mich davor, daran zu glauben, dass wir beide durch diese Verhaltensänderungen ein längeres Leben haben werden. Und selbst wenn, wie schaut diese Verlängerung aus? Werden wir einfach älter und erhalten uns die Frische und die Fitness, die wir jetzt aufgebaut haben? Werden wir mit neunzig Jahren den Großglockner besteigen, einen Gipfel, der sich uns schon vor Jahren im Schneesturm verweigert hat? Werden wir unseren Kindern, die nun zum Teil schon selbst Kinder haben, erfreuliche Begleiter sein und ihnen mit Interesse und Freude ihre Fragen, die sie im Leben haben, beantworten können? Werden wir dann, wenn wir aus den alltäglichen Routinen verschwinden, mehr Freude haben, oder so, wie viele vermuten, Reisen machen können und andere Länder und Städte besuchen können?

Wir glauben das alles nicht. Die Veränderungen fielen mir unterschiedlich leicht, und es wundert mich, dass ich mit fünfzig Jahren noch Langstreckenlaufen lernen konnte. Ich kann es kaum fassen, dass ich seither mehrere Halbmarathons gelaufen bin und sogar so schwierige Strecken wie den Welschlauf mit fast 900 Höhenmetern bewältigt habe. Ich habe inzwischen Kraulen erlernt und bin gerade dabei, abwechselnd rechts und links Atem zu holen. Es macht mir nichts aus, auf einem der Feste meiner Kinder stundenlang zu den schnellsten Rhythmen zu tanzen, auch wenn ich den Rhythmus nicht so höre wie die, die musikalisch sind. Aber all das berechtigt doch nicht zu der Annahme, dass ich die Lebenszeit, die ich jetzt dafür verwende, sportliche Aktivitäten zu betreiben und meine Ausdauer zu trainieren, am Schluss angehängt bekomme. Warum also laufen, abnehmen und nicht rauchen? Ich mache das alles, um mich im Hier und Jetzt besser zu fühlen. Das Überlegenheitsgefühl, jene Sünde, die das Herz so stark erwärmt, macht Spaß. Sich gut bewegen zu können, freut. Die Möglichkeit, von fast jedem Restaurant zu Fuß nach Hause zu gehen, macht nicht nur Spaß, sondern verbessert die Freude, die man beim Essen hatte. Die Intensität, mit der man laufen kann, die Sicherheit, die es einem gibt, wenn man an gefährlich aussehenden Jugendlichen in der Dämmerung vorbeigeht und sicher ist, ihnen allenfalls davonlaufen zu können – gibt Selbstwert en masse.

Das Programm Fitness wird bisweilen falsch verkauft. Man verweist auf Langzeiteffekte. Diese sind ungewiss, und Fitness verursacht große Schäden an Gelenken und Abnutzungserscheinungen, die zu Operationen und Nebenwirkungen führen. Die Freude muss im Jetzt liegen, alles andere ist Humbug. Nur wenn es Spaß macht, fit zu sein und mit den Jüngeren, jedenfalls den untrainierten Jüngeren, mithalten zu können, wenn man es unterdrücken muss, sich überlegen zu fühlen oder es sogar zu zeigen, dann hat es einen Sinn. In allen anderen Fällen ist es ebenso berechtigt, dick zu sein oder behäbig, viel Wein zu trinken oder zu rauchen. Die Stimmen der Ärzte, die fast alles verbieten wollen, was das Leben lustiger sein lässt, sind so ähnlich wie die mancher Priester, die ein Leben in strikter Regelbefolgung anpreisen, die das Leben leidvoll macht. Nichts davon darf beherzigt werden. Niemand weiß, wie der einzelne auf eine Reduktion seiner Freuden reagiert, niemand kann das Leben vorhersagen und sicher sein, dass eine Kur oder eine Diät das Leben verlängern. Schon die einfache Tatsache, dass plötzlich eine Krankheit auftreten kann, die mit der Lebensführung nicht das Geringste zu tun hat, muss die Schamesröte in die Gesichter jener treiben, die dem Erkrankten einst einen Teil seiner Lebensfreude gestohlen haben, als er schwach und hilflos ihre Ratschlägen befolgte, um sein Leben zu verlängern.

Leben Sie so, wie es Ihnen gefällt. Gerade wenn man älter wird, muss man auf sich in dem Sinn achten, dass Lebensfreude und -genuss vermehrt werden. Fitness auszuprobieren, mag eine Art sein, faul zu sein eine andere.

Meinem Lauflehrer und nunmehrigen Laufpartner Dieter Neger gewidmet, ohne dessen sprachlose Güte und menschliche Förderung ich es nie geschafft hätte, den Grazer Schlossberg hinaufzulaufen, und ohne dessen Interesse ich in St. Angelo, Ischia, nie den ganzen Fumarole-Maraiti-Strand entlanggelaufen wäre, wonach ich eine Stunde mit meiner lieben Frau im Meer schwimmen gegangen bin.

Laufend besser

Ich habe mich für die Fitness, genauer gesagt fürs Laufen, entschieden. Und zwar nicht, weil ich mir davon in Zukunft ein längeres Leben erhoffe, sondern jetzt ein schöneres. Als Scherz sage ich oft: „Viele Männer laufen, weil sie glauben, dass der Tod hinter ihnen her ist. Und wenn sie laufen, glauben sie, dass er sie nicht erreichen kann. Was sie nicht wissen ist: Der Tod kommt von überall her, er kennt keine Richtung!"

Ich bin überzeugt, dass Laufen jedem gut tut. Der Mensch musste vor hundert Jahren angeblich dreißig Kilometer zurücklegen, um sich seine tägliche Nahrung zu beschaffen. Ich glaube das nicht ganz, denn alle, die sich das leisten konnten, hatten Diener, Knechte, Leibeigene und andere Helfer, die diese Wege für sie machten. Eher wahrscheinlich ist, dass die, die diese Wege nicht zu machen hatten, die besseren Überlebenschancen hatten. Reichtum war schon damals die sicherste Form, alt zu werden, weil man genug zu essen hatte und ein sicheres Dach über dem Kopf. Fit hielt man sich mit Kampf, Spiel und Tanz – vor allem aber hatte man keine Alltagssorgen außer Luxussorgen wie Minne und Völlerei.

Schon eine Hebamme – nur mittelmäßig wohlhabende Bauern und Handwerker konnten sich eine solche leisten – bei der Geburt erhöhte die Überlebenschancen, die ein Arzt – bei den Adeligen – in der Regel wieder senkte, da er die Kreißende infizierte, zur Ader ließ oder sonstiges Furchtbares machte, was die Hebamme nicht machen durfte. Daher war ein bescheidener Wohlstand mit Einhaltung minimaler Hygiene die beste Voraussetzung, um alt zu werden. Zu großer Reichtum – mit der Möglichkeit, jede Menge Parfüm anzuschaffen und sich nicht waschen zu müssen – reduzierte die Überlebenschancen etwa des Kleinkinds. Daher traue ich den meisten Vergangenheitsinterpretationen, die als Begründung für das Laufen herangezogen werden, nicht.

Es kommt mir auch komisch vor, wenn Grünkernsemmeln gebacken werden und Dinkellaibchen angeblich ein längeres Leben bringen sollen. Als Grünkern und Dinkel die häufigsten Getreidesorten Europas waren, starben die Menschen im Durchschnitt noch mit 35 Jahren. Die, die heute Dinkel essen, sind meist älter und wünschen, noch älter zu werden. Selbst wenn man die Statistiken, so sie vorliegen (und es gibt sie nur sehr lückenhaft und aus extremen Situationen, wie zum Beispiel aus dem Wiener Findelhaus um 1740, in dem fast alle Kinder starben), liest, dann weisen sie darauf hin, dass das durchschnittliche Sterbealter erst nach der Bereinigung um die Kinder bis zum ersten Lebensjahr berechenbar ist. Bereinigte Statistiken zeigen, dass früher für den, der das erste Lebensjahr geschafft hatte, gute Chance bestanden, sechzig oder siebzig Jahre zu werden (wenn keine Epidemien wie etwa die Pest auftraten. Krieg und Hunger waren natürlich lebensverkürzend, aber das sind sie in vielen Teilen der Welt bis heute).

Die Vergangenheitssicht, derzufolge körperliche Bewegung die Menschen gesund gehalten haben soll, ist falsch. Körperlich bewegt haben sich die „Gscherten", die Leibeigenen. Natur und Sport waren unbekannt. Der Mensch fürchtete die Natur und die in ihr verborgenen und unbeherrschbaren Gefahren. Deshalb begab er sich nie zum Vergnügen hinaus, sondern nur, wenn es sich zum Zwecke etwa einer Reise nicht anders machen ließ. Oder um sie zu bekämpfen (zur Jagd) oder sie zu zähmen (zur Errichtung von französischen Gärten und ansehnlichen Bauten). Louis XIV. besichtigte Versailles erst nach der Errichtung, der französische Garten zeigt die Bändigung der Natur in Reinform, und wenn der Hofstaat das Schloss verließ, so fuhr man im ausgedehnten Schlossgarten im Wagen spazieren oder ritt zu Pferd.

Die Errungenschaft der französischen Revolution war es, dass auch die Nichtadeligen, Bürger, Bauern und ehemalige Leibeigene, sofern sie es sich leisten konnten, Weißbrot kaufen durften. Heute macht man sich Sorgen, dass hoher Weißbrotverzehr Vitaminmangel hervorruft, weil die Vitamine des Weizenkorns in dessen Schale sind und daher nur beim Essen von Vollkornbrot aufgenommen werden können. Lustig wird es, wenn man sich um die Vitamin-C-Mangelerkrankung Skorbut Sorgen zu machen beginnt. Deren bekanntestes Symptom ist das Bluten des Zahnfleisches, wie es Seeleute bekamen, bevor Sauerkraut auf den Schiffen mitgenommen wurde. Allerdings verloren die Menschen vor der Revolution häufig ihre bleibenden Zähne durch schlecht gemahlenes Korn, das Ecken ausbrechen ließ, durch Mangelernährung in der Kindheit und unzureichende Zahnhygiene. Der Vitamin-C-Mangel dürfte da die geringste Rolle gespielt haben. Daher kann man die Wiedereinführung des Vollkornbrots auch nicht aus der Vergangenheit heraus begründen. Es mag sein, dass es manchen besser schmeckt oder dass die unverdaulichen Teile des vollen Korns als Ballaststoffe zu besserem Stuhlgang beitragen. Eine Begründung über die vermehrte Aufnahme von Vitaminen und historisch über die Veränderung durch die bürgerliche Revolution, die die Lebenserwartung steigerte, statt sie wegen des Weißbrots zu senken, ist falsch. Genauso falsch wie viele andere

Berichte: Die in den Kolonien stationierten englischen Offiziere aßen aus berechtigter Angst vor Infektionen fast ausschließlich weißen Toast mit corned beef und nachmittags Teekuchen, weshalb ihre Darmpassagezeit enorm lang wurde. In dieser Gruppe wurde eine Zunahme von Dickdarmkrebs festgestellt. Ob diese Zunahme nicht viel eher mit den meist über die Eiswürfel übertragenen Darminfektionen zusammenhängt, kann heute nicht mehr festgestellt werden. Denn eine prospektive Doppelblind-Studie wird sich nur mehr schwer machen lassen.

So viel zur Begründung des Laufens und der gesunden Ernährung aus der Bewegungsnotwendigkeit der Vergangenheit heraus. Ob Bewegung gesund erhält, kann man auch heute gut überprüfen, wenn man beobachtet, wie weit Afrikanerinnen gehen müssen, um für sich und ihre Familie frisches Wasser zu holen. Sicher, die Frauen sind vielfach belastet: Viele Kinder in kurzer Zeit, einseitige fleischarme Ernährung, Infektionen, die zum Teil aus dem Wasser kommen, das sie holen, und schwere körperliche Arbeit neben den Aufgaben der Kinderbetreuung. Aber selbst wenn es möglich wäre, alle diese Faktoren zu korrigieren, wäre es doch nicht sehr wahrscheinlich, dass das weite Marschieren und die anstrengenden Wege die Gesundheit dieser Frauen erhöhen. Stattdessen sterben sie, wie in Europa vor hundert Jahren, mit dreißig bis vierzig Jahren, nachdem sie ihre biologischen Aufgaben (des Kinderkriegens und der Kinderbetreuung in den ersten Lebensjahren) erledigt haben. Genauso starben die Eltern der Kinder Europas sehr früh, weshalb zum Beispiel in Grimms Märchen sehr häufig Stiefmütter und -väter eine Rolle spielen. Also wieder kein Beweis dafür, dass viel Bewegung das Leben verlängert.

Es gibt also keinen triftigen Grund fürs Laufen, außer, dass es Spaß macht. Laufen macht Spaß? Wenn man Läuferinnen und Läufern ins Gesicht schaut, sieht man die Folgen des Sauerstoffmangels, der Schmerzen in den Beinen und des Ärgers über die Belastung. Die meisten Läuferinnen und Läufer wollen sich nicht unterhalten, in der Zeit der MP3-Player sind sie in ihrer eigenen, musikuntermalten Welt. Man kann sogar Paare sehen, die sich zu Beginn des Laufs verabschieden und die Kopfhörer aufsetzen und sich erst wieder beim abschließenden Dehnen treffen.

Manchmal setzt unter dem Druck der Belastung und des relativen Sauerstoffmangels sowie der vermehrten Produktion von Ketonkörpern das Gehirn Glücksbotenstoffe frei, die bei längerer Belastung biologisch nützlich sind, um diese durchzuhalten. Die Erfahrung dieser Botenstoffe, gepaart mit dem eingeschränkten Denkvermögen, das durch den Sauerstoffmangel im Gehirn zustande kommt, wird als Glück empfunden. Im Anschluss an das Laufen, besonders wenn es überfordernd war, werden diese Botenstoffe noch eine Zeit lang abgegeben, deshalb hält das Glücksgefühl noch lange nach dem Laufen an. Wobei ich auch diese einfache biologische Erklärung bezweifle: Ich vermute eher, dass der Stolz auf die Länge der gelaufenen Strecke, deren Schwierigkeiten, die Überforderung der Muskeln, Sehnen und Gelenke sowie die Hoffnung, das alles jemandem erzählen zu können, das Glücksgefühl auslöst. Und natürlich das als Antistress empfundene Erlebnis, dass man während der körperlichen Anstrengung nicht an seine Alltagssorgen denken konnte, was mit Phrasen wie „den Kopf frei bekommen" beschrieben wird.

Also wieder nichts: Die Freude nach dem Laufen gibt keinen Hinweis auf die gesundheitsfördernde Wirkung dieser Tätigkeit, schon gar nicht, wenn Distanzen überwunden werden, für die sich die meisten Menschen aus Altersgründen oder weil sie zu viel wiegen oder einfach, weil sie kein „Läuferchassis" haben, nicht eignen. Es sind aber genau diese Menschen (auch ich), die die Start- und Zieleinrichtungen vieler kompetitiver Laufereignisse bevölkern. Daher ist es angebracht, genauer nach den Motiven und den Zielen zu fragen, die mit dem Laufen einhergehen.

Berichte zeigen ziemlich überzeugend, dass Laufen von mehr als drei bis fünf Kilometern in einem Alter von über 50 Jahren eher gesundheitsschädliche denn gesundheitsförderne Wirkung hat. Vor allem das Straßenlaufen schadet den Gelenken, noch mehr wenn Übergewicht vorliegt. Sind die Gelenke bereits durch Sport in der Jugend vorgeschädigt, ist noch größerer Schaden zu erwarten.

Hinsichtlich der Herzgesundheit spricht auch wenig dafür, dass das Laufen hilft. Denn die Gefäßverkalkung der Herzkranzgefäße ist genetisch programmiert und daher wenig beeinflussbar. Zusätzlich sind die am häufigsten angewandten Untersuchungen unsicher und wiegen die Menschen zu Unrecht in Sicherheit: Die durchgeführte Untersuchung mittels Ultraschall bestimmt das Ausmaß der arteriosklerotischen Plaques im Bereich der Aufzweigung der großen Hirnarterien (Carotisgabel). Das Ausmaß und die Größe der Plaques in diesem Strömungsgebiet hängt aber nur wenig mit den Plaques in den Herzkranzgefäßen zusammen. Um diesen Zusammenhang genauer zu untersuchen, müsste man entweder die Herzkranzgefäße vor dem Laufen und nach etwa einem Jahr und im weiteren Verlauf kontrollieren, was sehr viel aufwendiger wäre, oder – noch besser – eine Untersuchung mittels Herzkatheter machen, die allerdings nur im Krankheitsfall vorgenommen wird, da etwa ein halbes bis zwei Prozent der Untersuchten daran sterben. Also wieder nichts.

Da hilft dann am ehesten eine epidemiologische Studie, könnte man meinen. Aber, der Teufel steckt im Detail: Läufer essen anders, schlafen anders, sind im

Durchschnitt reicher und ernähren sich hochwertiger. Sie gehen öfter zu Vorsorgeuntersuchungen und entdecken daher die zwei am ehesten lebensbegrenzenden Gefahren des mittleren Alters, nämlich Brust- und Prostatakrebs, früher, wodurch die Heilungschancen steigen. Korrigiert man die „Läuferstudien" hinsichtlich dieser Faktoren (was außerordentliches mathematisches Geschick verlangt und von Biostatistikern gern als unmöglich erklärt wird), dann bleibt nur mehr ein so kleiner Unterschied zur Nichtläufergruppe, dass man ihn vergessen kann. Es ist wahrscheinlich weit wichtiger, nicht zu rauchen, längere Fahrten vor allem in den Sommerurlaub mit öffentlichen Verkehrsmitteln zu machen und sein Übergewicht im Zaum zu halten, als zu laufen.

Bedenkt man noch den Aufwand, der mit dem Laufen einhergeht, etwa die aufgewendete Zeit, die Materialien, die Schäden an den Gelenken, die erhöhte Notwendigkeit von gelenksersetzenden Operationen etc., so bleiben als Gründe fürs Laufen nur die Freude an der größeren Beweglichkeit und Fitness im Alter und das oft gehörte Argument, dass man nun alles essen kann, ohne zuzunehmen. Na immerhin! In der Tat fühlt man sich laufend besser, es gibt Berichte, wonach laufende Männer eher sexuell aktiv sind und die Ausscheidung schneller wird. Apropos: Leider ist in der Werbung und daher auch in der Bevölkerung die schlechtere Verdauung mit größeren und öfteren

Stuhlmengen als die bessere Verdauung bekannt. Das ist aber falsch. Wenn man besser verdaut, hat man weniger Stuhl, und dieser ist auch härter. Das kann man daran sehen, dass das Medikament, das zur Verschlechterung der Verdauung gegeben wird, Xenical®, ein Mittel zur Hemmung der Pankreaslipasen, zu mehr Stuhl führt. Ebenso haben Menschen eher große Stuhlmengen, bei denen diese Enzyme weniger Aktivität zeigen, also zum Beispiel nach Entzündungen der Bauchspeicheldrüse. Da viele Frauen eher zur Verstopfung neigen (sie essen zu wenig Ballaststoffe, sie haben zu wenig Magnesium, sie sind an Abführmittel seit ihrer Jugend gewöhnt etc.) und daher einen regelmäßigen und reichlichen Stuhlgang anstreben (schon weil sie denken, dass sie dann nicht dick werden), sagt man über eine medizinisch schlechte Verdauung, dass sie eine gute sei. Dieser „Irrtum" führt dazu, dass man Dinge einnimmt oder eben läuft, um seine Verdauung zu verbessern. Wie man an primitiven Kulturen sehen kann, führt reichliche Bewegung zu kurzen Passagezeiten des Nahrungsbreis im Darm, zu wenig Gewicht und insgesamt schlechter Verdauung. Hochaufgeschlossene Nahrung wie Zucker und Eiweiß in vorverdauter Form, wie man sie Babys gibt, die eine schlechte Verdauung haben, führt zu einer Reduktion der Stühle pro Tag und zu einer Verbesserung der Verdauung.

Nach diesen medizinischen Ausführungen zum Thema wird es Zeit, zum Kern der Sache – und zur Begründung, warum ich laufe – zu kommen: Laufen macht Spaß und erhöht das Selbstwertgefühl. Jeder Läufer, ob männlich oder weiblich, freut sich (vor allem auch, weil es in Mode ist), wenn er/sie als Läufer oder Läuferin angesprochen wird. Der Vergleich macht sie sicher, sie erleben ein Überlegenheitsgefühl – und fühlen sich gut. Ob es medizinisch sinnvoll ist, kann man aus den vorangegangen Zeilen selbst entnehmen. Das meiste, was üblicherweise als gesundheitsfördernde Beweggründe fürs Laufen angeführt wird, gehört jedenfalls ins Reich der Mythen.

Wenn Sie mich zum Thema Laufen befragen, werde ich Ihnen Folgendes raten:

* Laufen Sie, wenn es Ihnen Spaß macht.
* Laufen Sie nicht, wenn Ihnen die Gelenke wehtun, wenn sie verschnupft sind oder husten.
* Laufen Sie nur, wenn Sie auch sonst gesund sind.
* Laufen Sie nicht, um sich besser als andere zu fühlen, sondern um sich selber besser zu fühlen.
* Laufen Sie nicht, weil Sie glauben, dass Sie dann länger leben werden.
* Laufen Sie nicht, weil es in Mode ist.

Mir ist völlig klar, dass diese Ratschläge an den Tatsachen vorbeigehen: Alle Läuferinnen und Läufer (mich eingeschlossen), die ich treffe, laufen bei jedem Wetter. Sie laufen, wenn sie sich krank fühlen. Sie laufen, um mehr essen zu können. Wenn sie im Winter bei tiefen Temperaturen laufen (und dafür sind die neuen Winterlaufschuhe ein nicht zu vernachlässigender Grund!), fühlen sie sich überlegen. Daher: Wenn Sie Läufer oder Läuferin sind, ist Ihnen nicht zu helfen. Entweder Sie haben nur die Ausrüstung zu Hause und gehen am Sonntag ein bis zwei Kilometer laufen (übrigens ist das schon viel mehr, als die meisten Menschen tun, die meisten können einer Straßenbahn nicht nachlaufen), oder Sie streben ein Laufereignis an. Dann laufen Sie eindeutig zu viel, denn sie vergleichen sich mit der Jägertruppe unserer Vorfahren – und dort war das „Pensionsalter“ bei dreißig bis fünfunddreißig, selbst für Häuptlinge!

Misstrauen Sie Laufbüchern. Diese geben Ihnen Ratschläge, wie Sie langsam Laufen lernen, aber sie sagen Ihnen nicht, dass das Straßenlaufen ihre Gelenke ruiniert und dass Sie an sich schlanker sein sollen, als Sie es sind. Sie sagen Ihnen nicht, dass die Heldentat des ehemaligen deutschen Außenministers Fischer keine war, weil er inzwischen wieder mehr wiegt als vorher. Und sie sagen Ihnen nicht, dass es unwürdig ist, kenianische Bürger wie Windhunde vor dem Tross laufen zu lassen, um allen das Gefühl zu geben, dass sie auch irgendwie toll sind. Ratgeber betrügen Sie auf Schritt und Tritt. Indem sie Ihnen Trainigspläne geben, die für einen Laien, der einem Beruf nachgeht und über fünfzig Jahre alt ist, unverwirklichbar sind. Und sie sagen Ihnen an keiner Stelle, dass Sie nur deshalb laufen, um wieder Ziele zu haben und sich besser zu fühlen als Ihre Umgebung, und dass der Absturz wahrscheinlich mit einem unbehandelbaren Gelenksproblem kommen wird und Sie sich dann in der Situation Helmut Qualtingers in dessen Song „Da Wüde mit seiner Maschin'" befinden werden: „I kauf von aner Witwe büllig des G'wand auf, weil mir kann so was ned passieren!"

Man trifft andauernd auf ehemalige Läuferinnen und Läufer, die von ihrer Behandlungen der Gelenksbeschwerden erzählen, und man denkt: „Mich wird das nie treffen!" Und warum denkt man das? Weil das eben jeder denkt. Gleiches gilt für das Essen und die Arteriosklerose. Es mag sein, dass Letztere besser wird, wenn Sie laufen, aber es spricht genauso viel dafür wie dagegen.

Der Grund, warum man denkt, dass Bewegung Herzkrankheiten verhindert, liegt in einer großen Studie, in der die Hälfte der Belegschaft eines amerikanischen Spitals den Lift benutzte und die andere nicht. Die, die zu Fuß gingen, waren nach Jahren gesünder. Dennoch ist unbekannt, welches Ausmaß an Bewegung nützt und welches schadet. Und außerdem ist unbekannt, ob zum Beispiel Laufen allen Menschen gleichermaßen nützt oder es doch solche gibt, denen man gleich ansieht, dass das nichts wird, und die besser ihre Fähigkeiten nützen und entwickeln als ihre Unfähigkeiten.

Abschließend gebe ich zu, dass ich selbst bewusst und absichtlich zum Läufer wurde. Ich konnte mich mit fast fünfundfünfzig Jahren schlecht bewegen, ich bekam schlechter Luft, wenn ich die Stiegen hinauflief, und ich war mit meiner Figur nicht im Reinen. Nach einigen Halbmarathons kann ich sagen: Ich bin kein geborener Läufer, ich kann einen Halbmarathon in etwa zwei Stunden laufen, und ich habe mehrere paar Schuhe ruiniert. Ich bin weiterhin zu dick, kann Dinge essen, die ich nie vertragen habe, meine Morgendepression ist besser, und meine Gelenke halten noch, weil ich in meiner Jugend Bücher gelesen habe (statt Sport zu betreiben). Mit meiner klassischen Bildung und meiner Fähigkeit, Vorträge zu halten, imponiere ich noch immer mehr Menschen als mit meinem Sport. Ich bin weiterhin der Ansicht, dass Politiker besser das Gemeinwesen verwalten und sich um die Menschen kümmern sollten, als Marathon zu laufen, und ich finde, dass Winston Churchill eindeutig mehr beigetragen hat als Jörg Haider. Beide außergewöhnliche politische Begabungen: Der eine aus dem Adel kommend im Dienst der Nation, der andere aus dem Kleinbürgertum und im eigenen Dienst. Eitelkeit und Selbstliebe sind die ungewollten Begleiterscheinungen, die aus der Büchse der Laufpandora hervorgehen, und sie sind unumgänglich.

Daher: Quidquid agis, prudenter agas et respice finem – was immer du tust, mache es stolz und bedenke das Ende.

Sex

Wenn man nach Kambodscha kommt, sieht man an der Grenze zuallererst ein riesengroßes Plakat, auf dem steht: „Schützt unsere Kinder!“ Es bezieht sich auf den Kinderhandel, die Kinderprostitution in diesem von Krieg und Schreckensherrschaft gezeichneten Land. An den vier Pfosten, die das Plakat tragen, lehnen zehn- bis zwölfjährige Mädchen, die sich um etwa zehn bis dreißig Dollar feilbieten. Diese Mädchen stehen gut im Geschäft, und ein kleiner mittelständiger Tourismusbereich, Hotelzimmer, Bars und Restaurants, lebt gut von ihnen.

Michel Houllebecq hat in seinem Roman über Kuba richtig gesagt: Die Menschen verkaufen ihre Produktionsmittel. Da die kubanische Revolution alle Produktionsmittel ruiniert hat außer die Körper der Werktätigen, verkaufen sie eben diese. Das stimmt für Kambodscha genauso wie für Kuba, weil die sogenannte Demokratie nach englischem Muster in Wirklichkeit eine reformierte Diktatur ist, die sich unter dem Mantel des Menschenfreunds Karl Marx versteckt.

Den Verkauf von Sex in diesem Ausmaß gäbe es nicht, wenn die oft gehörte Meinung stimmen würde, dass Sex im Alter unwichtiger wird. Denn ER lässt den Männern das Begehren, wohingegen Fähigkeit und vor allem Chancen dramatisch sinken.

Die meisten Kunden der Prostitution in den Ländern der sogenannten Dritten Welt sind jene, die am „Liebes-Markt" zu Hause erfolglos blieben. Meine Söhne, zwischen 16 und 23 Jahren alt, wenden sich mit Ekel ab, wenn meine alten Freunde von Erlebnissen in diesen Ländern sprechen. Sie haben es schlicht nicht nötig. Sie haben Freundinnen, wenn ihnen danach ist. Einer meiner Söhne kam im Alter von einundzwanzig von einem Auslandspraktikum in den USA zurück und ich sagte: „Du schaust zu wenig auf deine Freizeit. Hast du jemals Kontakt zu einer Frau?" Und er antwortete ganz ruhig: „Das letzte Mal habe ich das verabsäumt, aber diesmal habe ich schon besser auf mich geschaut!" Ohne Liebe, aber wie es schien, hatte er guten Sex.

Es ist komisch, aber wahr: Es schwinden die Chancen, es schwinden die Fähigkeiten, nicht aber das Begehren. Der alternde Mann sieht in der Straßenbahn die junge Frau, das Mädchen einsteigen. Es hat der Mode entsprechend einen freien Bauch und ein Nabelpiercing. Ob er will oder nicht – er muss hinschauen. Wissend, dass er einen verachtenden Blick bekommen wird, der lautlos sagt: Für dich alten Trottel ist das nicht bestimmt. Spanner!

Was bleibt, ist also das Begehren. Eine befreundete Psychoanalytikerin sagt, dass das sogar unbedingt erforderlich ist. Ohne Libido, so meint sie, gibt es keine Liebe zum Leben, und dann steht nichts mehr dem Todestrieb entgegen. Thanatos würde dann die Herrschaft übernehmen, und die Alten wären alle depressiv, jedenfalls in der psychoanalytischen Definition, wenn nicht auch in der psychiatrischen.

Thailand, in dem ich dieses Kapitel schreibe, ist stolz, dass es den Initiativen der Königsmutter gelang, die nördliche Provinz Chiang Mai aus der Armut zu führen. Bis etwa 1980 wurden vor allem von den Hmong und den anderen Bergstämmen Opium angebaut, die Töchter in die Prostitution nach Bangkok, Pattaya und Übersee verkauft. Durch Investitionen Amerikas, Thailands, der Weltbank und anderen wurden die Landwirtschaft auf Tee und Passionsfrüchte umgestellt, der Tourismus neu entwickelt und so Lebensmöglichkeiten geschaffen, die menschenwürdig sind.

Lernt man jedoch heute eine thailändische Prostituierte kennen, lebt sie wie damals: Sie wird meist jung mit einem Thai aus ihrer Region verheiratet und hat mit ihm Kinder. Sie hat einen „sugar daddy“, das ist ein älterer Ausländer, dem sie vorspielt, dass sie auf ältere Männer steht, und dem sie Treue schwört. Oft bekommt sie mit diesem Mann auch noch ein Kind, und manchmal geht sie sogar als seine Gattin mit ihm in sein Heimatland, sei es Europa oder Amerika. In der Zeit, in der der „sugar daddy" nicht in Thailand ist (entweder weil sein Visum abläuft oder er sich zu Hause um etwas kümmern will oder muss oder weil er das Essen und die Hitze nicht verträgt), arbeitet sie in einem Club als Sexarbeiterin. Oft macht sie das auch, während der „sugar daddy" in der Nähe ist und sie sagt ihm, dass sie stundenweise irgendetwas arbeitet oder sich um ihre Eltern kümmern muss, was sogar stimmt. Für deren Unterhalt und den ihrer restlichen Familie hat sie eben zwei Berufe als Sexarbeiterin.

Diese Art zu leben ist für die Thaifrau nicht falsch: Sie folgt ihren Stammesregeln, indem sie ihrem Mann Kinder schenkt. Sie folgt ihren Wünschen nach einem Fixum, das ihr der „sugar daddy" zur Verfügung stellt. Und sie versucht, ihre Eltern und andere Verwandte zu erhalten, und benötigt dafür das Geld, das sie nebenher verdient.

Komisch ist nur das Verhalten des „sugar daddys": Obwohl man überall lesen kann, wie Beziehungen von Thais zu ihren Daddys beschaffen sind (nämlich so wie eben beschrieben), trifft man dauernd enttäuschte Liebhaber, die sich sicher waren, dass ihre Thai anders ist. Die sich sicher waren, geliebt zu werden. Und die gespürt haben, dass die Frau sogar mehr in sie verliebt war als umgekehrt. Und die überzeugt sind, dass sie mit ihrer sexuellen Erfahrung, die sie mit Viagra® oder Cialis® etwas unterstützen, ihrer Geliebten mehr Freude am Sex gebracht haben, als die unerfahrenen jungen Männer, die sie sonst hatte.

Das Begehren bleibt, die Fähigkeiten und die Möglichkeiten schwinden.

Bisher dachte ich, dieses Thema sei männerlastig zu behandeln. Erst als ich eine bekannte österreichische Gesellschaftsjournalistin, die ich vom Opernball kannte, in Kuba traf und sie mit ihrer linken Hand den Oberschenkel eines jungen Kubaners streichelte, wusste ich, dass das nicht so ist. Die älteren Frauen reden sich vielleicht erfolgreich ein, dass sie Sex nicht mehr brauchen, und lassen ihre entsprechenden Organe einrosten. Aber sie wollen geliebt werden, attraktiv sein, egal, wie alt sie sind und wie sie aussehen. Dass man an Gewicht zulegt, dass das Bindegewebe ein Organ ist, das nicht trainierbar ist – das alles mag stimmen. Doch: Genauso wie Männer wollen Frauen sich geliebt fühlen, wollen körperliche Nähe empfinden und benötigen Bestätigung, dass sie liebenswert sind. Wenn es auch manchen gelingt, diese Bedürfnisse zu sublimieren (darunter verstand Sigmund Freud die Vergeistigung sexueller Antriebe, ein Mechanismus, den er vor allem Intellektuellen unterstellte – dass er selbst ein besonders aktives Sexualleben bis ins hohe Alter und vermutlich eine nebeneheliche Beziehung zu seiner Schwägerin hatte, tut hier nichts zur Sache. Dass Untersuchungen gezeigt haben, dass Intellektuelle eher Sport betreiben und eher mehr Sex haben und diesen länger ausüben, auch nicht). Wo Männer Stehhilfen benötigen, brauchen Frauen manchmal Östrogene, um glitschig zu werden. Dagegen ist nichts zu sagen. Mehr schadet Enthaltsamkeit und die sich daraus ergebende Einsamkeit. Das Bedürfnis bleibt, auch wenn die Erfüllungschancen vergehen. So wie die „sugar daddys" Opfer ihrer Wünsche werden und diese plötzlich in den scheinbar liebenden Augen ihrer Thai zu sehen meinen, so werden die Frauen Opfer von Heiratsschwindlern und Männern, die ihre Wünsche erfüllen.

In meiner Jugend gab es Idole, die diese Wünsche als Projektionsflächen annahmen. Der pomadisierte Kopf Heinz Conrads, der mit Eleganz und genießerischem Zungenschnalzen der idealisierte Mann der älteren Frau war, war bei uns zu Hause jeden Sonntagmorgen zu Gast. Wenn auch meine Mama damals eine gutaussehende und beliebte Frau um die vierzig war, so waren ihre Beziehungen oft schwierig gewesen. Die Beziehung zu Heinz Conrads nicht: Mit seiner Begrüßung „Küss die Hand die Damen, guten Morgen die Herrn, griaß euch die Madln, servas die Buam!" war er bei der ganzen Familie zu Hause und ein gern gesehener Gast, besonders wenn die Familie ohne Vater lebte, was damals durch den Krieg und die steigenden Scheidungen oft vorkam.

Hermann Leopoldi, vertriebener Sänger und Kabarettist, hat im Exil in den USA Armin Bergs Lied „Nehmen's an Alten, an Alten, an Alten" gesungen. In dem Lied werden einer jungen Frau die Vorzüge eines alten Manns angepriesen. Er kann besser küssen, ist schon alt, also kann er's nicht mehr werden, und verlangt weniger Sportlichkeit und Aufmerksamkeit. Er ist geduldiger und zumeist auch wirtschaftlich besser gestellt. Alles spricht für den Alten, außer dass er nicht mehr jung ist. Selbst das hat Vorteile, weil man ihn früher beerben kann – ein Glücksgeschäft!

Meine Freunde heißen fast alle Peter. In der Zeit nach dem Zweiten Weltkrieg wollten die Mütter die Stabilität eines Felsens zum Sohn haben, also benannten sie ihre Kinder nach dem Fels, auf dem die Christenheit steht. „Du bist Petrus", sagt Jesus, den sie als Christus bekennen, zu Simon, dem Fischer, „auf dir soll meine Kirche gebaut werden." Der Fels, lateinisch petrus. Alle Peters sprechen mit mir über Sex. Sie sind alle alt. Zwischen sechzig und fünfundsiebzig. Ihre Erfahrungen gleichen sich: Sie wollen ihren Frauen treu sein. Sie mögen zumeist ihre Frauen, an denen sie hellsichtig erkennen, dass diese der Verlust der Schönheit mindestens ebenso trifft wie sie selbst der Verlust der Attraktivität. Sie erkennen, dass ihr Bestätigungsbedürfnis lächerlich ist. Sie wissen, dass die jungen Frauen, die sie zumeist in realen Abhängigkeitsverhältnissen kennenlernen, vor allem ihre Position und Macht lieben und nicht den Peter, wie er vor ihnen steht – nackt mit den beschämenden Stigmata des Alters. Sie machen sich da nur manchmal etwas vor. Aber ganz, ohne sich etwas vorzumachen, macht es ihnen keinen Spaß. So erzählen sie Geschichten, in denen sie der Held sind. Die Sexarbeiterin, die sie wegen ihrer charmanten Art gelobt hat. Die Erfahrungen in armen Ländern, in denen sie sich korrekt verhalten und keine Kinder angerührt haben, sondern sich sogar gegenüber anderen Touristen negativ darüber geäußert haben. Von der Studentin wird erzählt, von der im Laufe einer Prüfung eindeutige Angebote gekommen sind. Mit der sie sich dann getroffen haben und bei der sich zeigte, dass sie einen Alten zu schätzen wusste. Selbst der Vorliebe des Alten für teure Wäsche und sein Vergnügen, Seidennachthemden zwischen den Fingern zu liebkosen, selbst dieser Besonderheit hätte die junge Frau etwas abzugewinnen gewusst, so wollen sie glauben.

In der Literatur der Jahrhundertwende, die man das Fin de siècle nennt, zeigt Arthur Schnitzler in seiner Episodensammlung Anatol (1893) junge, am Leben übersättigte Bürger. Max, Anatols Freund, weist den Frauenhelden auf seine Ausbeutung der Vorstadtmädchen hin. Will ihn daran erinnern, dass diese Mädchen auch Gefühle haben. In der wohl berühmtesten Episode „Weihnachtseinkäufe“ antwortet die unvergessliche Adrianne Gessner in der Verfilmung Adolf Wohlbrück, dem Darsteller Anatols, auf dessen Bemerkung, dass man in der Vorstadt geliebt wird und in der Stadt verstanden: „Vielleicht hat man in der Stadt auch so geliebt und nur nicht den Mut gehabt!“

In meinem Herzen nagt der Zweifel. Ich nehme an, dass es zum Erfolg des Buchs beitragen könnte, wenn ich die Geschichten meiner Freunde nun explizit erzählte. Wer liest nicht gern einen Ratgeber und kann dabei seine pornografischen Bedürfnisse befriedigen. Besonders in der Zielgruppe, die ich fantasiere: ältere Männer und Frauen. Da schickt es sich wenig, Pornografie zu kaufen, aber den Ratgeber eines Universitätsprofessors, den wird man doch wohl zu Hause haben dürfen! Und wenn dann etwas Schlüpfriges dabei ist – warum nicht? Honi soit qui mal y pense (altfranzösisch: Beschämt sei, wer schlecht darüber denkt) lautet die Inschrift des Hosenbandordens, des höchsten Ordens des britischen Empires. Ich will aber keine Geheimnisse preisgeben. Bei jedem meiner Freunde könnte die Gattin den ihren zu erkennen glauben und dann gekränkt reagieren. Manche Frauen wissen nicht, dass die Differenz zwischen Begehren und Möglichkeiten alte Männer fast verrückt macht. Man kann das nicht verstehen, bevor man nicht selbst in der Lage ist. Man macht sich lustig, man amüsiert sich über „Don Gil von den grünen Hosen“ von Tirso de Molina oder über den „sugar daddy“ oder über den alten Millionär, der ein junges Model heiratet und glaubt, geliebt zu werden. Verständnis für den alternden Don Juan zu haben, würde von den Gattinnen verlangen, dass sie die Teilbarkeit der Liebe erlernt haben und nicht eifersüchtig wären – also im Grunde das Interesse an ihrem Partner verloren haben. Das gibt es, ist aber nicht die Beziehung, die die Peters wollen. Jene Frauen, die ihren Mann lieben, mögen oder zumindest behalten wollen, können Betrug nicht ertragen. Sigmund Freuds Idee, dass man in der Kindheit die Teilbarkeit der Liebe anhand der Bewältigung des ödipalen Konflikts erlernen könne, war falsch. Wir erlernen das nicht. Wir sind in unserer Kultur zur Monogamie erzogen und verdammt, und weder Mann noch Frau können den Partner teilen.

Daraus ergeben sich – jedenfalls für Männer, vermutlich aber auch für Frauen – folgende Regeln:

- Mach, was du willst, aber schweige für immer.
- Schau dir lächelnd zu, wie sich deine Jugend wiederholt. Du wirst wieder unsicher, zweifelst zurecht und strebst an, was dir nicht zusteht.
- Ersetze mit Charme und vor allem mit Geld, was du verloren hast.

- Rede dir nie ein, dass du um deinetwillen geliebt wirst, wenn du sexuelle Erfahrungen suchst, die dir am freien Markt der Natur verwehrt sind.
- Nimm nicht an, dass nun die Zeit der Ernte gekommen ist. Wie wir nicht entschlackt werden können, weil wir kein Ofenrohr sind, so ist der Herbst des Lebens auch nicht die Zeit der Ernte. Sogar Geheimrat Goethe musste seiner letzten Liebe entsagen, weil er rechtzeitig erkannte, dass Ulrike von Levetzow ihm nicht erotische, sondern unschuldige Kindesliebe entgegenbrachte. (Er ersuchte nach Wochen des täglichen Treffens mit dieser knapp zwanzigjährigen jungen Frau in Marienbad seinen Fürsten, um Ulrikes Hand bei deren Mutter anzuhalten. Als der Fürst vorsprach, ward ihm zur Antwort: „Man wird sich zu fügen wissen!" Stehenden Fußes reiste Goethe ab und schrieb am Heimweg die „Marienbader Elegien", die Stefan Zweig in den Sternstunden der Menschheit als das schönste Gedicht deutscher Zunge erkannte. Martin Walsers Buch dazu lässt die Liebe des alternden Geheimrats erahnen, Walsers Versuch, Goethes Briefe zu erfinden, zeigt, dass es niemandem zusteht, Intimes nachzudichten, schon gar nicht, wenn dieser Jemand ein Dichterfürst war. Goethe hat danach alle seine Werke geordnet, Faust II vollendet, die Wahlverwandtschaften neu geschrieben – aber wer von Ihnen hat ein vergleichbares Œuvre zu Hause

liegen, das wegen des politischen Dienstes unfertig geblieben ist?) Es gibt keine Ernte, schon gar dort nicht, wo nicht gesät wurde. Der Ruhestand bringt weniger Geld, Macht und Einfluss mit sich, und daher sinken die Chancen für die Vermehrung und konsequenterweise die für Sex.

* Rede dir nicht ein, dass du schön bist. Du bist vielleicht gut erhalten, vielleicht auch sportlich fit, aber alt. Das kann man mit kosmetischer Chirurgie etwas verbessern, weil sie das einzige Mittel ist, um Bindegewebe zu verbessern. Dann bist du alt und operiert.
* Missverstehe weder deine Gefühle noch die des anderen. Er/sie sieht dein Alter und deine Bedürfnisse. Als Mann musst du reich sein, um über die Differenz zwischen natürlicher Anziehungskraft und tatsächlicher hinwegzutäuschen, als Frau ebenso. Alle anderen Mittel sind noch flüchtiger als Geld.
* Sei sicher, dass du betrogen und wahrscheinlich verlassen wirst. Erwarte und verlange nichts anderes. Das ist das natürliche Schicksal, und es war immer schon so. Weder dem biblischen Jakob ging es anders, dessen Kebse Hagar ihn mit dem „furchtbaren“ Sohn Esau betrügt, noch Herodes, der seine Stieftochter Salome so sehr begehrte, dass er ihr den Kopf des Propheten Jochanan opfert und damit das Schicksal seines Königshauses besiegelt. Beide

Geschichten gehen tragisch aus. Mach deine besser, indem du nicht nur schweigst, sondern auch deine Gefühle ebenso lächerlich findest wie sie dein junger Partner/deine junge Partnerin empfindet.

Durch die Einhaltung dieser Regeln wird nichts besser. Aber erträglicher.

Gerade habe ich meiner Frau diesen Teil des Kapitels über Sex vorgelesen und dabei bemerkt, dass ich bisher nur über außerfamilialen und intergenerationalen Sex geschrieben habe. In der Tat spielt er allerdings nur die geringere Rolle. Viel wichtiger und lebensbestimmender ist die Sexualität, die die Partner verbindet. Nach dem eigentlichen Zweck der Vermehrung und allenfalls des Abbaus der Triebe, kommt die Freude der Verbindung und des Verzeihens in den Mittelpunkt. Sex wird dann zu einer Chance, die Unterschiede und Differenzen zwischen den Partnern zu egalisieren, es ihnen zu ermöglichen, miteinander zu leben und einander zu ertragen.

Die Spannungen zwischen den Partnern sind selbstverständlich: Mann und Frau lernten sich als verschiedene kennen, haben unterschiedliche Herangehensweisen und Ziele, und bei ihrem Verhalten bestehen viele Unterschiede. Wenn sie keine Verbindungen haben, dann entfernen sie sich von einander. Da sie älter werden und wahrscheinlich nicht schöner, entfernen sie sich noch weiter, und so kann es geschehen, dass sie in der Entfernung die Differenzen noch mehr spüren. Streit und Auseinandersetzung sind die Folge, bei manchen Paaren auch Stille und Verdruss.

Die Sexualität des vertrauten, älteren Paares unterscheidet sich deutlich von jener der Jugendlichen. Die älteren Partner kennen einander. Sie kennen ihre Gewohnheiten. Sie haben Rituale und Abläufe, die beiden bekannt sind, und sie wiederholen diese. Die Frau weiß schon, wie der Mann zu erregen ist, sie kennt seine Erregungspunkte, sie kann ihn durch leichte Gebärden stimulieren und weiß, wie er im Wortsinn handzuhaben ist. Der Mann kennt die Frau genauso. Sie benötigt meist mehr als er Zuwendung und Aufmerksamkeit. Allerdings sind die meisten Ratgeber falsch. Sie unterstellen, dass man sich im Alter besonders um Sex kümmern muss und ganz anders tickt. Man müsste einander mehr stimulieren, mehr erotisieren und so die Spannung aufrechterhalten. Wahr ist vielmehr das Gegenteil, obwohl es sicher keine Regeln gibt, die für alle Paare gleichermaßen gelten. Wie in allen Beziehungen ist auch in dieser meist lebensbestimmenden Partnerschaft Sex nur ein kleiner Teil des Ganzen. Es geht viel mehr um die Art des Miteinander, um die Gespräche, die tagsüber geführt wurden, um die Achtung, die man einander entgegenbringt, um die Freude am anderen, die Interessen, die man teilt oder die man eben nicht teilt, dem Partner aber trotzdem gönnt und an denen man ihm oder ihr die Freude lässt.

Die Freude auf- und aneinander dürfte wohl der bedeutendste Beweggrund für Sex in der Partnerschaft im höheren Alter sein. Denn es ist biologisch fast nicht zu verstehen, warum der Mann das Bedürfnis hat, sein Organ möglichst tief zu versenken. Das mag Sinn gemacht haben, solange die Frau fruchtbar war. Nun ist der biologische Sinn verloren gegangen. Warum die Frau die Begegnung wünscht, ist noch weniger verständlich.

An einem Abend nach einem Vortrag tanzte ich mit der Veranstalterin, die mich eingeladen hatte. Eine schöne, gepflegte Frau Mitte fünfzig, wohlhabend, Chefin einer Firma im Bereich der Personalberatung. Wir kamen in einen kleinen Flirt, nachdem wir uns die Geschichten unserer Kinder erzählt hatten. Ich fragte sie, wie das bei Frauen so funktioniert. Zu meiner Überraschung sagte sie: „Bei Frauen meines Alters – und ich weiß das auch von meinen Freundinnen – kommt erst der Beschluss und dann die Lust!" Sie schaute mich lange an und sagte weiter: „Ich weiß, dass das bei Männern genau umgekehrt ist." Da beschloss ich, den kleinen Flirt zu beenden.

Männliche Sexualität ändert sich weder biologisch noch physisch. Das würde auch keinen Sinn ergeben. Denn der Mann bleibt fruchtbar und kann sich weiter vermehren. Viele Beispiele aus der Geschichte, aber auch aktuelle belegen das. Bei der Frau ist das anders.

Sexualität verliert ihren biologischen Sinn und bleibt daher nur als Unterpfand der dauerhaften Beziehung und der Gemeinsamkeit mit ihrem Mann. Insofern ist die Frau, die nach dem Klimakterium einen neuen Mann finden möchte, auch eine, die weniger Sex sucht, sondern Beziehung, Anerkennung und Gemeinschaft. Es ist mir bekannt, dass es Frauen gibt, die nach dem Klimakterium auf Männerjagd sind, die sich wie wilde Tigerinnen gebärden und die Männer aufreißen. Ich weiß auch, dass sie dann sehr wohl Erotik ausstrahlen können, und – während ich das schreibe – rieche ich das Parfüm Opium von Yves Saint-Laurent, das einen hohen Moschusanteil hat und ganz gegen seinen eigentlichen Zweck vor allem von postklimakterischen Frauen verwendet wird, die sich so als erotisch duftend empfinden und Pheromone durch Moschus ersetzen wollen. Für manche Männer stinkt das, denn es wird allzu viel eingesetzt, und was subjektiv als anziehend empfunden wird, kann genauso gut abstoßend wirken.

Ähnlich verhält es sich mit dem Porsche des Mannes, der Potenzprobleme zu haben beginnt. Die Potenz des Mannes ist ein vielschichtiges Phänomen. Wer dieses Buch bis jetzt komplett gelesen (und nicht nur zum Kapitel Sex vorgeblättert) hat, weiß, dass ich keine Körper-Geist-Spaltung mag. Der Satz „Das kommt vom Kopf!“ ist dumm, denn es gibt keinen Kopf ohne den Rest, und der Kopf ist ebenso Körper wie der nicht beweisbare Geist. So ist es auch mit der Potenz des Mannes: Sie hängt vom Begehren, vom Objekt, von der Bedeutung, die der Mann seinem Lustobjekt gibt, ab, ebenso von Technik, Stimulation, Eile oder Ruhe, Spannung und Entspannung. Der ältere Mann darf etwas nicht machen, was der Frau entspräche. Er darf sich nicht am Beginn der Sexualität entspannen. Wie das Wort „entspannen" schon sagt, entspannt es den Hahn, und der wird schlaff. Daher muss er um fast jeden Preis die Entspannung vermeiden. Die ältere Frau hingegen, die nicht mehr vom Vermehrungstrieb gesteuert wird, kann durchaus Ruhe, Entspannung und eine Situation der Aufmerksamkeit anstreben. Dann kommen das berühmte Glas Sekt oder Spumante, die Kerzen am Kamin, die ruhige und angenehme Musik. Die Frau kommt in Stimmung und der Mann in Panik. Er weiß oder befürchtet, dass sein Hahn nicht stehen wird, und verliert angesichts der Panik auch die Lust.

Die Medikationen gegen die erektile Dysfunktion haben in den letzten Jahren wunderbare Entspannung für den langzeitig verheirateten Mann gebracht. Mit Cialis®, Viagra® und Ähnlichem genügt schon geringere Anregung, und er funktioniert. Die manchmal erforderliche Methode der Einspritzung von blutgefäßwirksamen Medikamenten in die Peniswurzel muss nur mehr selten angewendet werden. Schwellkörperinsuffizienzen, vor allem bei Diabetikern, benötigen manchmal eine Penisprothese. Wenn man aber so weit gekommen ist, sollte man überlegen, ob man wirklich noch eine Erektion benötigt, und vielleicht lieber andere Begegnungsformen wählen.

So hat jeder der beiden älter werdenden Partner seine Probleme. Er zittert, ob er noch kann, und sie fürchtet sich, dass sie nicht mehr will, ihn zurückweist und er dann vielleicht auf blöde – andere – Gedanken kommt, die letzten Endes zur Zerstörung der Beziehung führen können. Denn die Einführung von Kebsen ist heute keine Lösung mehr, sie ist gesellschaftlich nicht akzeptiert, und es gibt keine Bereitschaft, das Leben so zu organisieren.

Daher wird es mit der Zeit notwendig, die Beziehung zum Teil von der Sexualität – so wichtig diese ist – abzulösen und andere Begegnungsformen zu finden. Aufmerksamkeit gegenüber den Versuchen des Partners, sich attraktiv zu machen; Interesse für die Interessen; Zuhören und Antworten; keine Bewertung der Schwierigkeiten des Anderen; Übersehen der Schwächen; Ignorieren der sich entwickelnden Hässlichkeit; Freude an den neuentwickelten Fähigkeiten; Nichteinmischung in die Gebiete des anderen; Meinungslosigkeit gegenüber den Bewältigungsversuchen und zuletzt ein freudiges Zurückstehen im Beobachten des Lebens des anderen – das wären die fast nicht befolgbaren Verhaltensweisen, die die Ehe zum Paradies machen.

Ein Paar fährt einkaufen. Die Frau lenkt das gemeinsame Auto. Am Parkplatz des Supermarkts, der sehr groß ist, verwendet sie den Parkplatz etwas schräg. Letzten Endes benötigt sie bei dieser Art des Parkens zwei Plätze. Der Mann steigt aus. Er sieht, dass das Auto die weiße Bodenmarkierung kreuzt. Als die Frau aussteigt, sagt er: „Du brauchst zwei Plätze." An sich keine schlimme Bemerkung. „Wärst doch du g'fahrn", schnappt sie zurück. „I hab ja nur g'meint ...", sagt er mit einem etwas aggressiven Unterton. „Soll ich jetzt noch einmal einparken?" „Schlecht wär's net!" „Fahr du", sagt sie und wirft ihm den Autoschlüssel zu. Der fällt auf den nassen Asphalt. Der Mann steigt über den Schlüssel und geht zum Eingang des Markts.

Furchtbar eingeübt. Jedes Wort ist vorher absehbar. Wozu war diese Auseinandersetzung gut? Sie weiß, was er sagt, er weiß, was sie sagen wird, beide wissen, dass damit das gemeinsame Einkaufen zur Qual werden wird. Sie fühlt sich entwürdigt und kritisiert. Er kann sich das, so fühlt er, als Mann nicht gefallen lassen. Er hebt den Schlüssel nicht vom Boden auf. Wie immer man diese Geschichte nun ausgehen lässt, sie kann nur schlimm enden.

Fazit: Das Wichtigste bei lang andauernden Beziehungen zwischen älteren Menschen ist, dass sie einander halten können, füreinander da sind, wenn sie sich brauchen, und genauso, wenn sie sich möchten. Donna

Leon zeigt in ihren Romanen die Beziehung des Protagonisten Commissario Brunetti zu seiner Frau, die Literaturwissenschafterin ist, genau so. Sie erzählen einander – er von seinen Fällen, sie von ihren Studenten – und ergänzen sich. Sie kennt venezianische Familien und Hintergründe, ihr Vater ist Senator und reich. Er kennt die alten römischen Schriftsteller und weiß, wie man den Hinweis auf einen Horaz zu verstehen hat.

Ganz anders stellt Leo Tolstoi in seinen zwei Hauptwerken Beziehungen dar: In Anna Karenina ist nur der Mann alt. Er unterdrückt das jugendliche Begehren seiner Frau, er will sie fesseln, alt machen, um sie zu besitzen. Die Liaison der jungen Frau mit dem Graf Wronski ist fast zwingend, und durch die Ablehnung der Scheidung stößt er die Frau in ein lebenslanges Elend, das mit ihrem Selbstmord endet. In Krieg und Frieden ist die Ehe inkonkludent, wird geschlossen, ohne auf die Bedürfnisse der Beteiligten Rücksicht zu nehmen. Die Partner mögen einander nicht, und die Gründe der Verbindung waren schräg. So pflanzt sich das Unglück fort und wird im Alter immer schlimmer.

Der jüdische Witz kennt diese Art der Verbindung:
Ein altes Ehepaar kommt zum Rebben. „Wir wollen uns scheiden lassen“, sagt der Mann. „Warum?“, so der Rebbe. „Wir waren uns nie sympathisch!“ „Und warum kommen Sie erst jetzt“, so der Rebbe, „nach fünfzig

Ehejahren?“ Sie antworten gemeinsam: „Wir wollten warten, bis die Kinder tot sind!“

So schlimm der Witz ist, so deutlich weist er auf die Schwierigkeiten der vermittelten Ehe hin, die jedoch insgesamt nicht weniger erfolgreich war, als es die heutige Liebesheirat ist. Immerhin konnte es bei der vermittelten Ehe geschehen, dass man den Partner anfangs nicht mochte, aber über die Zeit und das gemeinsame Durchleben bestimmter Situationen, das gemeinsame Lösen von Problemen immer mehr Freude aneinander fand. Heute ist eher das Gegenteil der Fall: Die Liebe verändert sich oft so schnell, dass Scheidungen inzwischen zu einem Mehrheitsphänomen geworden sind. Liest man Erich Fromm, so weiß man, woran das liegt: Die Partner ersetzen Liebe nicht durch Respekt oder gegenseitige Achtung oder gemeinsame Werte. Sie wollen Spannung erleben, machen einander durch Rücksichtslosigkeit Sorgen oder vergessen aufeinander. Die Frauen widmen sich vor allem den Kindern, die Männer dem Beruf, und beide suchen zu Hause eine Tankstelle, in der sie ihre Batterien auftanken können, wie man heute so oft hört.

Liebe, Sex und „Kuscheln ohne Ende“ verlangen allerdings nicht nur Freude aneinander, sondern eben auch Beziehungspflege, Paarhygiene. Das Wort Paarhygiene geht auf den ursprünglichen Sinn des Wortes Hygiene zurück. Nicht Reinheit oder Sauberkeit stehen im Zentrum, sondern Pflege. Wie man ein Haus, eine Wohnung pflegt, so muss man auch seine Beziehung pflegen. Dies gilt sowohl nach innen als nach außen. In sich sieht man die Spiegelung der Beziehung. Man weiß genau, wie man das Bild des Partners pflegt. Jedes Mal, wenn man gegenüber anderen Menschen über den Partner schimpft, erfährt er das. Er spürt es, und es fällt letzten Endes auf einen selbst zurück. Denn man selbst hat diesen Partner gewählt.

Die Ruhestandsdiskussion

Die Ruhestandsdiskussion ist eine Quelle dauernder Beleidigung für ältere Menschen. Es wird öffentlich diskutiert, ob man die Frühpensionisten bestrafen soll. Da wird schon zu bedenken gegeben, dass diese von langer und schwerer Arbeit gezeichnet sind. Zumeist werden sie aber als Sozialschmarotzer bezeichnet, die sich auf Kosten der jüngeren Generation eine nette Zeit machen.

Gerne wird auch eine Diskussion über die Verlängerung der Arbeitszeit geführt. Da wird angegeben, dass alle Menschen länger arbeiten müssen werden, da sich die Pensionszahlungen sonst wie ein Schleier über die Wirtschaft legen und diese ersticken werden. In jedem Fall wird unterstellt, dass die Menschen in einen Ruhestand gehen wollen, der ihnen nicht zusteht.

Die Menschen selbst sehen sich in einer Situation, in der sie keine Perspektive mehr an ihrem Arbeitsplatz haben. Sie können eigentlich nur abwarten, bis die

Gemeinschaft ihnen den Rückzug aus dem Beruf erlaubt und dann – zähneknirschend – die Pension bezahlt. Handelt es sich um ein Privatunternehmen, so unterstellt man dem Mitarbeiter bereits ab fünfzig, dass er mit der neuen Zeit nicht mehr mitkommt. Ist der Arbeitsplatz in einem Industrieunternehmen, in dem die Technik eine große Rolle spielt, wird zwar die „Erfahrung" als großes Asset angesprochen, mit einher geht aber die Vermutung, dass der ältere Mitarbeiter die neuen Technologien nicht mehr beherrschen kann. Und handelt es sich um einen internationalen Konzern und ist der Betreffende über fünfzig und der Konzern nicht gerade japanisch, dann wird fast immer versucht, den Mitarbeiter in einen Vorruhestand zu schicken, manchmal durch Angebot einer zusätzlichen einmaligen Zahlung, die man den „Golden Handshake" nennt.

Auch wenn man es sich als derzeit im Berufsleben Stehender mit einem vollen Terminkalender noch nicht vorstellen kann: Es kommt wie das Amen im Gebet, dass man sich früher oder später am Arbeitsplatz unnötig und nicht gebraucht fühlt, keine Perspektive mehr hat, nur mehr auf die Abfertigung wartet, die man erst dann bekommt, wenn man sie kaum mehr gebrauchen kann. Denn wenn man ab sechzig zwischen fünf und acht Jahre lang auf den beruflichen Tod wartet, was soll man dann noch anderes oder gar Neues beginnen? Statt gesund und leistungsfähig zu bleiben, arbeiten Natur und Traurigkeit Hand in Hand.

Man wartet auf sein berufliches Sterben, jeder Krankenstand wird von der Vermutung, dass man „krankfeiert", begleitet, in jeder Zeitung, die man aufschlägt, liest man, dass nun die Kontrollen verstärkt werden sollen, und man fühlt sich wie ein Schwarzfahrer, der die anständigen Menschen betrügt. Die Traurigkeit kommt daher, dass man keine neuen Möglichkeiten sieht. Denn man ist halt nicht Besitzer der Virgin Air, der den Flug in den Weltraum neu plant. Und man ist nicht Charly Chaplin, der mit sechzig eine Frau heiratet, sich am Genfer See eine Villa kauft und mit ihr noch einen Schippel Kinder hat. Nein, man hat seit Jahrzehnten seine Arbeit gemacht, kennt sich inzwischen gut aus und erträgt besser oder schlechter die Neueinführungen der Informationstechnologie. Die jungen Kolleginnen und Kollegen werden zunehmend respektvoller, sie schonen den alten Kollegen, und so fühlt man sein Alter, wo man geht und steht. Bei neuen Projekten wird man nicht mehr berücksichtigt, mal weil man nicht mehr lange genug in der Arbeit sein wird, mal weil man geschont wird.

Nicht zu Unrecht hatte die Fernsehserie „Der Alte" über viele Jahre so einen großen Erfolg. Die Fernsehkonsumenten, die vielfach ältere Menschen sind und daher nicht ausgehen, sondern zu Hause vor dem Fernsehgerät sitzen, konnten sich mit dem Alten identifizieren. Er löste seine Kriminalfälle durch Ruhe und Erfahrung. Die moderne IT und chemische und biologische Spurensuche, wie sie in allen CSI-Folgen ohne Unterlass angewendet werden, spielte dort keine Rolle, selten wurde ein Telefon benutzt und wenn, war es nie ein mobiles. Ebenso erfolgreich waren „Die Straßen von San Francisco“ mit den herrlichen Verfolgungsjagden und Sprüngen über die steilen Straßen dieser schönen Stadt. Karl Malden an der Seite von Michael Douglas – so stellt sich der ältere Mensch die Zusammenarbeit zwischen Alt und Jung vor. Konstruktiv, etwas lässig, manchmal gewinnen die jungen Füße, manchmal die Erfahrung und Ruhe. Und dann noch Horst Tappert mit seiner unförmigen Brille, der den Menschen Identifikation und bewältigbare Realität zeigte und keine modernen „Zaubertricks“, die der ältere Menschen nicht mehr lernen und deren sinnvollen Einsatz er intellektuell nicht kontrollieren kann. Als jüngstes Beispiel sei die beliebte Fernsehserie „Der letzte Bulle“ angeführt, dessen Hauptfigur Mick Brisgau durch einen Drehbuchtrick (er wurde Ende der achtziger Jahre bei einem Einsatz verletzt und war zwanzig Jahre im Dauerkoma) auch heute noch sein darf, wie man vor zwanzig Jahren war, und ermitteln darf, wie man vor zwanzig Jahren ermittelt hat.

Die sogenannte Achtung vor dem Alter soll angeblich in Südostasien noch eine Rolle spielen. Dort soll es gang und gäbe sein, dass man ältere Leute ehrt und ihnen einen Platz in der Gesellschaft einräumt. Aber der Aufbruch in die neue Zeit, die Tatsache, dass diese Länder in der IT-Produktion führend sind, bewirkt dieselbe Veränderung, wie sie die westlichen Staaten schon lange erleben. Demgegenüber wird manchmal angeregt, dass die Mitarbeiter ab fünfzig noch Neues lernen sollen. Es werden Kurse angeboten, in denen die Beherrschung der Technologien, die am Arbeitsplatz eine Rolle spielen, erlernt werden kann. Diese Kurse werden von jungen Menschen geleitet, die sich sicher gut auskennen, aber meistens keine oder nur sehr wenig pädagogische Ausbildung haben, jedenfalls keine, die „Senioragogik" beinhaltet. Wenn schon, dann könnten sie Kinder unterrichten – daher die Bezeichnung „Päd-", also vom griechischen Wort paidós, Kind, aber selten Alte. So sprechen die Lehrer und die Schüler aneinander vorbei. Die Ängste der Schüler, etwas nicht begreifen oder beherrschen zu können, treffen auf den Unwillen und die Ungeduld der Lehrer, und es stellt sich heraus, was alle immer schon angenommen haben, nämlich dass die Alten zu alt sind, um Neues zu lernen. Selbst die Verwendung eines Mobiltelefons, in Österreich Handy genannt (in der Schweiz nach der ersten Firma, die das eingeführt hat: Nattel und korrekt Mobiltelefon), durch Alte wird kritisch beurteilt. Die Kinder können es besser. Sie werden als „digital natives" bezeichnet, da sie mit der IT aufgewachsen sind. Die Alten sind „digital immigrants" – und in der Tat können sie manches nicht oder machen es umständlich. Das Smartphone wird von vielen skeptisch beäugt, um den Bildschirm lesen zu können, benötigt so manch einer eine Lesebrille. Senioren sehen manchmal einige Zeichen nicht, und selbst die gespeicherten Telefonnummern sind für sie nicht immer leicht lesbar. Sie verwenden das Telefon nicht als Spielzeug, es ist für sie kein Musikspeicher, der sie in Kombination mit Kopfhörern zu „Autisten" des Straßenverkehrs macht, und sie sind nicht ununterbrochen in sozialen Netzwerken, in denen sie dann erfahren, dass Susi gelangweilt ist oder dass es im ganzen Land heute zum ersten Mal schneit. Sie sind einfach nicht am Laufenden, und – noch schlimmer – sie unterstützen diese Langsamkeit und diese Inkompetenz auch noch mit einer für Alte typischen Ideologie, indem sie darauf bestehen, dass das Handy einen nur ablenkt, dass die sozialen Netzwerke Scheinfreundschaften herstellen und dass sie es besser fänden, wenn man sich auf sein Leben und seine Interessen konzentrieren würde und nicht ablenken ließe.

Hört ein junger Mensch, eventuell sogar ein Jugendlicher, diese Argumentation, weiß er, dass der Alte dieses Telefon nie „verdient" hat, weil er damit nicht umgehen kann. Zusätzlich stellt er fest, dass diese Argumentation zeigt, dass der Alte nicht multitaskingfähig ist, also noch so altmodische Begriffe wie „Konzentration", „Eines-nach-dem-anderen" und Ähnliches im Sinn hat, wohingegen der „digital native" „copy and paste“ und mehrere Fenster in mehreren Programmen für das Selbstverständlichste der Welt hält. Komisch nur, dass die Alten solche Argumente verwenden, sie müssten sich doch noch erinnern, dass ihre eigenen Eltern und Großeltern ähnlich gegen das Kofferradio und den tragbaren Plattenspieler argumentiert haben, geschweige gegen den Fernseher, den viele als Werk des Teufels ansahen.

Schon die alten Römer kannten die Beschimpfung der Jungen aus den Mündern der Alten. Sie ist physiologisch, weil die alten „Kämpfer“ ihr Revier verteidigen und sich gegenüber den Jungen behaupten wollen. Ebenso physiologisch ist es, wenn die Jungen die Alten umbringen wollen, da sie ihnen im Weg stehen. Dieser angeborene Wunsch wird dadurch gemildert, dass nicht mehr gebärfähige Alte bei der Aufzucht helfen. In der Tat haben die Großeltern eine Funktion in der Aufzucht der Brut, wenn sie, im Gegensatz etwa zu manchen Primaten, deren Glück vor die eigenen Bedürfnisse stellen. Primaten, bei denen die Großeltern Aufzuchtsaufgaben übernehmen, haben eine fast doppelt so hohe Vermehrungs- und Überlebensrate. Sehr umstritten ist sowohl bei den Primaten als auch bei den Menschen die Rolle der männlichen Alten. Da deren Geschlechtstrieb immer noch vorhanden ist und sie daher physiologisch an der eigenen Vermehrung interessiert bleiben (siehe oben Charlie Chaplin), nehmen sie an der Aufzucht der Enkelgeneration weniger

Teil. Die Alten haben also nur dann Aufzuchtsfunktion, wenn sie es auch zu ihrer Sache machen. Kinderlose Familien sind auf die Gemeinschaft angewiesen, die ihnen einen Teil ihrer Einzahlungen zurückgeben soll. Wenn wie in Österreich die Pensionen im Umlagesystem bezahlt werden (das heißt, dass die Jungen für die Alten zahlen und nicht – wie in der Schweiz – das Angesparte um Zinsen vermehrt ausgezahlt wird), so kann man fast von einem Gnadenbrot sprechen. Die Bereitschaft der Enkel, für ihre virtuellen Großeltern zu zahlen, wird durch den verständlichen Wunsch gemildert, für ihre Kinder zu sorgen.

Durch den Ruhestand wurde so eine Art Respekt vor dem Alter institutionalisiert. Tatsächlich müssen aber die Jungen dabei einen Teil der Nahrungs- und Ausbildungskosten zurückzahlen. In den USA ist dies etwas anders geregelt: Der Collegestudent, der nicht aus reichem Haus stammt, nimmt einen Ausbildungskredit auf, den er nach Erreichen seines Berufslebens über viele Jahre zurückzahlt. Das Prinzip dahinter ist, dass der Einzelne dadurch selbst weiß, wie viel in ihn investiert wurde, er sich diese Summe bei den virtuell Älteren ausborgt und so zurückzahlt, dass es seine Kinder wieder ausborgen können. Letzten Endes ist der Unterschied zwischen der europäischen und der US-amerikanischen Lösung aber eher ein ideologischer: Die Amerikaner wollen in allen Bereichen des Lebens zeigen, dass jeder für sich selbst verantwortlich ist, seine Ausbildung frei wählt und auch selbst bezahlen muss. Vor diesem Hintergrund ist auch die Begabtenförderung zu verstehen. Der Begabte und/oder Fleißige (oder Sportliche) wird unmittelbar durch ein Stipendium belohnt.

Da die Mittel diesseits und jenseits des großen Teiches begrenzt sind, ist der Kampf der Pensionisten um stabile und wertgesicherte Pensionen ein Verteilungskampf gegen die jüngeren Menschen. Dieser Kampf hat viele Gesichter, auch den Hass der Jungen auf die Belastung des Staates durch die Pensionen. In Österreich und Deutschland den Neid auf Pensionsmodelle staatsnaher Unternehmen, die ihre Mitarbeiter bereits mit fünfundvierzig in den Ruhestand schickten, weil sie damals zu viele Beschäftigte hatten und so „downsizing“ betreiben konnten. Der Kampf äußert sich aber auch als Vorwurf der Undankbarkeit, den die Pensionisten einzeln und in ihren Verbänden gegenüber den Zahlern, also den Berufstätigen, äußern.

In jedem Fall steht gegenüber dieser Verteilungsdiskussion eine Euthanasie-Debatte: Wäre es besser, die Alten zu töten, um so den Jungen mehr Platz und Mittel zur Verfügung zu stellen? Welche Position man in dieser Diskussion einnimmt, wird nur von dem Alter entschieden, in dem man sich gerade befindet. Bis dreißig findet der Einzelne diesen Gedanken zumindest überlegenswert, wenn es auch seine ethische Grundhaltung oft nicht zulässt, so etwas ernsthaft zu diskutieren. Ab fünfzig findet man die Diskussion absurd und gibt sich Bedeutung und Wichtigkeit durch vielerlei Argumente und Rollen: Kinderversorgung, mündiger Bürger, Konsument, erfahrener Genießer. In der Tat hat die Diskussion aber einen phylogenetischen Kern: Wolfsrudel töten den Anführer, wenn er dem jüngeren Wolf nicht mehr widerstehen kann; alte Krokodile werden von ihren Nachkommen gefressen. Kannibalismus war menschheitsgeschichtlich immer ein Thema. Allerdings wurde er ritualisiert bis hin zur Eucharistie. Somit wird durch Einverleibung anderer Menschen keine zusätzliche Kraft mehr gewonnen, vielmehr wurde das Essen von Menschen mit der Ekelschranke belegt. Die Reste, die sich noch in religiösen Zusammenhängen finden, dienen der kulturellen Verarbeitung dieser Idee, einerseits einfach zu Eiweiß zu kommen und andererseits keine unnützen Esser mehr zu haben.

Setzt man sich mit der Frage auseinander, wann man in Pension gehen soll, schaut die Sache einfacher aus, je weiter man davon entfernt ist. Es mag schon sein, dass die heute Dreißigjährigen diese Frage so nicht mehr stellen können werden, für die heute über Fünfundfünfzigjährigen allerdings steht die Entscheidung an. Da das Steuersystem durch das Progressionsmodell die aktiv Erwerbstätigen eher bestraft als belohnt, verdienen die Alten nicht viel mehr, wenn sie länger arbeiten. Ihr sogenannter Ruhestandsgenuss ist dem aktiven Lohn praktisch gleich. Sind sie auch noch Beamte, dann dürfen sie unbeschränkt zuverdienen. Also bleiben nur mehr die Freude an der Tätigkeit, der Wunsch, den Tag zu strukturieren, und das Gefühl, gebraucht zu werden, als Argument für die Beibehaltung des Berufslebens im Alter. Dafür fast alle wache Zeit zu geben, erscheint ein verhältnismäßig großer Einsatz.

Warum dann doch im Beruf bleiben? Einfach, weil man ihn gern hat, die Nebenvorteile der Achtung und der Anerkennung benötigt oder – wie im Fall von Beamten – durch Zulagen im aktiven Berufsleben doch etwas mehr verdient. Vielleicht auch, weil man nicht zu den Sozialschmarotzern gehören will. Aber ab wann hört das auf? Wenn die deutsche Bundeskanzlerin Merkel sagt, dass man bis siebenundsechzig arbeiten müssen wird, gilt das jetzt und heute und schon für einen selbst? Oder wenn man sich noch gut fühlt und nur manchmal Schmerzen hat oder zum Zahnarzt muss, kann man da noch voll arbeiten? Oder wenn man Menschen sieht, die nichts mit ihrem Leben anzufangen wissen, fragt man sich: Ist das ein Grund, dass man noch im Beruf bleiben soll?

Fazit: Der einzige Grund, im Job zu bleiben, ist, dass man es so will. Wenn es einem gut tut, was man vorher natürlich nicht wissen kann, dann soll man bleiben. Ein einfaches Gedankenspiel (in der Fachsprache Szenario genannt) kann dabei helfen: Man stellt sich vor, dass man heute die Diagnose einer schweren, lebensverkürzenden Krankheit bekommt, etwa eine Herzkrankheit, Krebs, Thrombosen etc. Will man dann genauso weitermachen wie bisher? Ist das, was man macht, die Erfüllung? Wenn man wüsste, dass man nur noch wenige Monate zu leben hat, wollte man dann genauso leben wie jetzt? Oder würde man dann sagen, dass man durch die Krankheit aufgerüttelt wurde und sich nun neu orientiert? Für mich wäre diese Haltung komisch, alle wissen schließlich, dass sie sterblich sind. Wie kann dann die Vermutung, dass der Todeszeitpunkt absehbar ist, eine Änderung herbeiführen? Wenn man doch immer schon wusste, dass man sterben muss, wieso ist dann die naheliegende Erfahrung bestürzend?

Noch ein Gedankenspiel zum Üben zu Hause: Stellen Sie sich vor, dass die Parzen beschlossen haben, Ihren Lebensfaden morgen zu durchschneiden. Spielen sie Jedermann! Was haben Sie vergessen zu tun, zu sagen, zu erleben?

Als ich Manfred Lütz im Auditorium maximum der Karl-Franzens-Universität Graz zugehört habe, hat er gesagt: „Ich kann Ihnen nicht den Zeitpunkt des Todes vorhersagen. Könnte ich es, würden viele jetzt aufspringen und eilends den Raum verlassen, um das noch zu tun oder zu erleben, was sie versäumt haben. Ich kann mich maximal um zwanzig Jahre irren. Und diese Jahre werden nicht Ihre besten sein. Wieso springen dann jetzt nicht alle auf?“ Was für eine kluge

Bemerkung! Ich hoffe, sie ändert Ihr Leben genauso, wie sie meines geändert hat!

Man kann Reisen und Erlebnisse nicht verschieben. In dem Film „Das verrückte Paar“ (1993) fragt Jack Lemmon seinen filmischen Vater, der in der Tat die Fortsetzung des Films nicht mehr erleben sollte, ob er sich mit der rothaarigen Lehrerin, die mit ihm was anfangen will, einlassen sollte. Entschieden rät der Greis dazu mit den Worten: „Nur was du erlebt hast, zählt.“ Jeder weiß: Man kann nichts nachholen. Deshalb muss die eigentliche Frage der Alten lauten: Was will ich? Was macht mir Spaß? Werde ich noch imstande sein, mein Leben zu genießen, sinnvoll zu gestalten, oder benehme ich mich wie der Kleinbürger Karl Fiala in Franz Werfels Roman „Tod des Kleinbürgers“ (1928), der seinen Tod nur aus dem Grund bekämpft, weil er für seine Nachkommen die Bedingungen der Lebensversicherung erfüllen möchte? Da kann es dann schon geschehen, dass man auf sich selbst vergisst und es dann zu spät ist. Also: Spielen Sie eines der erwähnten Gedankenspiele! Sollten Sie dabei draufkommen, dass Sie etwas vergessen haben, dass Sie noch unbedingt etwas Bestimmtes machen wollen, dann machen sie es! Es kommt keine andere Gelegenheit mehr, es zu tun.

Zum Abschluss eine kleine Anekdote: Als ich in Mailand in der Galleria Vittorio Emanuele bummeln ging, sah ich in einer Auslage ein Kleid für meine Mutter, die damals erst knapp siebzig war. Ich ging ins Geschäft und kaufte es. Ein Seidenkleid mit kubistischem Muster. Meine Mama war sich sicher, dass es nicht passen würde. Es wurde ihr Lieblingskleid. Da sie im fortschreitenden Alter schlanker wurde, passte es immer besser. Heute ist es ihr meistens zu kühl, um das Kleid zu tragen. Auf wann hätte ich diesen Kauf verschieben sollen?

„Es wird im Leben dir mehr genommen, als gegeben.
Ja, das ist so im Leben eben, das merke dir.
Du musst es lernen,
es wird entschieden in den Sternen,
es liegt dein Schicksal in den Fernen und niemals hier.
Hab Mut, hab Mut!"
Joseph Schmidt, um 1930 einer der bekanntesten Sänger in Deutschland, 1942 in einem Schweizer Internierungslager an Lungenentzündung verstorben.

Ich denke es mir gut, alt zu sein

Was nun? Nachdem Sie dieses Buch von vorne bis hinten gelesen haben: Wie stehen Sie zum Alter und zum Älterwerden? Wie geht es weiter? Sind die Ratschläge, die zu einem stärkeren Anhaften führen und daher den Abgang erschweren, berechtigt? Kann man älter werdenden Menschen jedes Geschlechts raten, sich intensiver mit dem verfallenden Leben zu beschäftigen, in eine Gesundheit zu investieren, die täglich nur schlechter statt besser werden kann?

Früher sagte man, dass die Amerikaner die erste Hälfte des Lebens ihre Gesundheit durch übermäßiges Arbeiten ruinieren und dann das so erworbene Geld in die Erhaltung der verloren gegangenen Gesundheit stecken. Die Europäer, die diese Witze gern machten, sahen sich mit vier Urlaubswochen und der 45-Stunden-Woche überlegen, weil sie schon zu Zeiten des Erwerbslebens Entspannung, Urlaub und Freizeit pflegten.

Sie kennen meine Meinung schon: Mein Credo ist, dass wir uns mit zunehmendem Alter schön langsam mit der Ab- und Auflösung auseinandersetzen sollten, mit warmer Hand geben, ist besser als mit kalter. Mit Fitness beschäftigen, weil es Spaß macht (ich laufe, Sie wissen es bereits!) und weil es besser ist, wenn man noch in ein Auto steigen und die Türe schließen kann, ohne beinahe rauszufallen. Sex haben, weil es Nähe fördert und einen Gutteil dazu beiträgt, sich im Alter besser zu vertragen. Sich dort engagieren und involvieren, wo wir den Jungen helfen können oder wo wir für unsere Rechte kämpfen müssen. Mit den Kindern zu leben, sich einmischen und helfen, wo es gebraucht wird, weil das gut tut und hilft, am Ende nicht allein dazustehen.

Aber auch das mit Maß und Ziel! Hat man bis zu seinem vierzigsten Lebensjahr gern die Pflichten, die sich aus der Kindererziehung ergeben, getragen, so kommt mit fünfzig bis sechzig eine neue Dimension auf einen zu: Die Kinder bekommen selbst Kinder und wollen unterstützt werden. Die Großeltern freuen sich riesig auf die süßen Kleinen und haben nichts Besseres zu tun, als mit ihnen in den Park zu gehen, ihnen das Krabbeln beizubringen, sie zu betreuen und zu wickeln und umso glücklicher zu sein, je mehr sie die Enkelkinder bei sich haben können. Man erkennt sie oft daran, dass sie Sätze sagen wie: „Bei meinen eigenen Kindern hatte ich keine Zeit. Deshalb genieße ich die Enkelkinder nun besonders!“

Diese Art der Beschäftigung ist natürlich genauso berechtigt wie das Zurückweichen vor dem Kind und dem Kindeskind. Wenn auch Großeltern, die selbst noch Termine haben, ihr eigenes Leben und ihre Paarintimität leben wollen oder gar einen Urlaub ohne Enkelkinder planen, nicht in unser gesellschaftliches Bild passen! Darüber nachdenken sollte man allemal, denn „Belastungen“ kommen nun von „oben und von unten“, der Vor- und der Nachgeneration, was aber bleibt für einen selbst übrig? Ist es nicht komisch, dass die Kinder und Enkelkinder, wenn man selbst alt und zum Beispiel pflegebedürftig geworden ist, oft nicht oder wenig vorhanden sind?

Man selbst ist Senior geworden, und die eigenen Eltern, so sie noch leben, bedürfen immer mehr der Unterstützung. Sie sind alt geworden. Bisweilen heutzutage sehr alt. Deshalb wollen sie dennoch, so wie alle Lebewesen, Liebe und Zuwendung. Sie sind mehr denn je darauf angewiesen. Kritik können sie schwer verkraften, letzten Endes bringt sie ihnen auch gar nichts, weil sie sich zumeist nicht mehr ändern können. Manchmal reagieren sie darauf mit Ärger, manchmal mit Rückzug, je nach Tag und Verfassung. Immer aber brauchen sie Zuwendung. Diese kann sich im Bedarf nach ärztlichen und pflegerischen Maßnahmen äußern, Hilfe bei sozial störenden Symptomen wie Ausscheidungsproblemen oder Essstörungen. Manche beginnen zu schimpfen oder ertragen Abschiede nicht. Letzte Reste von Macht werden genutzt, indem diese ganz Alten über Testamentsänderungen und Hinterlassenschaften ihre Zuneigung regulieren und manchmal so ihre Enttäuschung zu jener der Nachkommen machen.

Der Mittelmensch, also Sie und ich, ist nun wie das Sandwichkind als Brotbelag zwischen diesen Kräften eingelegt. Er kann seine selbstverständliche Dankbarkeit gegenüber seinen Eltern nicht verleugnen. Wenn er/sie es doch machen, dann trifft sie nicht nur der Bannstrahl der Enterbung, sondern vielmehr noch das Schuldgefühl als Richter in der eigenen Brust. Wer sich um seine Eltern nicht kümmert, wird mit Schuldgefühlen bestraft. Diese Schuldgefühle können sich als Zorn, als Rückzug oder als Vorwurf gegenüber den Älteren äußern. Gerne werden belastende Kindheitserinnerungen angeführt, die dieses Verhalten rechtfertigen sollen. Entkommen gibt es aber nicht. Wer je ein Begräbnis besucht hat, wird die Menschen, die sich von ihren Eltern abgewandt haben, daran erkennen, dass sie glauben, etwas versäumt zu haben. Sie hätten, so denken sie, noch etwas sagen müssen, etwas, das an die fröhlichen Momente der Kindheit anknüpft, an die Zuneigung, die ihnen die Eltern gegeben haben, und die Dankbarkeit, die der erwachsene Hinterbliebene dafür empfindet. Nichts davon ist nachholbar. Und auch wenn man sich zu Lebzeiten von den Eltern abwendet, so bleiben die Mutter und der Vater ständig präsent, die Abwendung ist dann oft mehr eine räumliche als eine psychische.

Eine Zusammenfassung zeigt das Bild der in einer Mehrgenerationenfamilie denkenden und lebenden Menschen auf:

- Sie interessieren sich für ihren Partner.
- Sie wollen wissen, wie es den Kindern heute geht.
- Sie sind immer bereit, sich um ihre Enkelkinder zu kümmern.
- Die Bedürfnisse ihrer Eltern sind ihnen wichtig.
- Sie schieben ihre eigenen Interessen auf später auf, wissend, dass dieses Später manchmal nicht kommt.

Die Auswege aus diesem Dilemma sind beschränkt:

- Man kann ohne Familie leben.
- Man kann sich gegenüber seinen Kindern, so vorhanden, absentieren.
- Man kann als Großeltern versagen (wollen).
- Man kann seine Sohnes-/Tochterpflichten nicht erfüllen.
- Man ist allein.

Geht man diese alternativen Lebensformen durch, so führen sie alle in die Einsamkeit, über die Friedrich Nietzsche schon sagte: „Wie schön wäre das Alleinsein, wenn die Einsamkeit nicht wäre!" Was dann bleibt, sind einsame Abende und sogenannte Selbstbestimmung. Wenn man ein Genie wie Friedrich Nietzsche wäre, könnte man wie dieser in den Silser Tagen in einem Brief an Köselitz Überlegungen zum Thema Noblesse und Einsamkeit formulieren und das „Pathos der Distanz" an zentrale Stelle stellen: „Vornehm ist z. B. der festgehaltene frivole Anschein, mit dem eine stoische Härte und Selbstbezwingung maskiert wird. (...) Vornehm ist der Zweifel an der Mittheilbarkeit des Herzens; die Einsamkeit nicht als gewählt, sondern als gegeben. Die Überzeugung (...), daß man fast immer verkleidet lebt, gleichsam incognito reist – um viel Scham zu ersparen (...)". Ich bin auch gern in Sils Maria. Der einsame Ort zwischen St. Moritz und dem Maloja-Pass spürt schon manchmal die Süße des Bergells, das sich nach Italien öffnet, und ist doch voller berglerischer Härte. In der Früh wandere ich vom Hotel Waldhaus auf den Muott'ota, wo mich die Murmeltiere und an den besten Tagen die Steinböcke erwarten. Dort oben ganz allein, ist jeder andere Mensch eine Überraschung. Wie das Murmeltier erschrickt man bei jeder Begegnung. Sei es mit dem Senner, der die Hütte am Ende des Fextals bewirtet, sei es mit einem Hubschrauber, der Arbeiter in die Höhe bringt, damit sie die Zäune warten – immer eine Überraschung. Im Selbstgespräch erscheinen die Klarheit des Himmels auf über zweitausend Meter und die Reinheit der Natur des oberen Engadins eine spezielle Wirkung zu haben. In diesen Momenten möchte selbst der Mittelmäßige Erkenntnisse haben und sich über den Alltag erheben. In diesem Alltag fürchtet er die Einsamkeit und will keineswegs die Schmerzen und die Nöte eines Friedrich Nietzsche erleben: Weder will er dessen unklare und fast dauernde Schmerzen erleiden, noch will er dessen Abstürze miterleben, die auf die größte Klarheit folgten. Und schon gar nicht will er die Unmöglichkeiten erleben, die Nietzsche in seiner unerfüllt gelebten Liebe zu Lou Andreas-Salomé hatte. In seinem So-Sein will man alles zugleich haben: Anteil am Genie und das Leben eines gesicherten Pensionisten.

Dem tragen die Besitzer des Hotel Waldhaus Rechnung. Sie veranstalten am Sommerbeginn, wenn auf den Bergen noch viel Schnee liegt, Nietzsche-Tage. Da kommen dann Menschen im Ruhestand zusammen, alle sehr belesen und etwas schwerhörig, und lauschen denen, die Nietzsche am wenigsten mochte: beamteten Professoren und Archivaren, die das Werk Nietzsches durch ihre eigenen Interpretationen zerstören. Gelangweilte Menschen zwischen der Verdauung des reichlichen Frühstücks und der Vorfreude auf das geschmackvolle Abendessen lassen die erstrittenen Texte zwischen ihren kunstvoll erhaltenen Zähnen wandern, ziehen sie durch ihre Zahnlücken und glauben, verstanden zu haben. Alle, jedenfalls die meisten, schauen einander mit vernichtenden Blicken an. So wie ich vermuten sie, dass der jeweils andere nicht versteht, sondern mit verhärtetem Herzen zuhört. Sie wissen, dass weder sie noch ihr Sitznachbar auch nur annähernd die Opfer bringt, die der Autor gebracht hat. Sie wissen, dass sie genau jene Menschen sind, die Nietzsche verachtet hat. Und sie wissen, dass sie gerade jenen zuhören, die Nietzsche beschimpft hat, wenngleich nicht so extrem wie Arthur Schopenhauer das tat.

Da hilft dann nur, in die Natur zu gehen und sich – am besten nüchtern – auf die Berge zu zwingen, um mit der eigenen Mittelmäßigkeit zurande zu kommen. Denn diese ist es, die einen gefangen hält. Gefangen in den vielen Bezügen, die man hergestellt hat, um nicht nutzlos und allein zu sein. Gefangen in der Angst, durch extremeres Verhalten den Schoß der Familie zu verlieren. Gefangen durch die vermeintlichen Gebote Gottes, die einen zwingen, sich sowohl um die Eltern wie um die Kinder und Kindeskinder zu kümmern. Würde man nicht vor der Konsequenz zurückschrecken, die einen daran hindert, immer aus dem Koffer zu leben (und würde man sich nicht einreden, dass das nur zu Nietzsches Zeit möglich gewesen ist), würde man in sich auch noch den Funken einer Genialität entdecken, die einen aus einem simplen Plagiat zu einem originären Denker macht, dann könnte man sich auf die Reise machen. Doch so bleibt man, wo man ist, und hat doch jeden Tag das Gefühl, dass das Leben an einem vorbeizieht und man es zu wenig nützt.

Im Grunde ist man es doch selbst, der sich zurückhält und ängstigt, weil man um seine geringe Qualität weiß. Denn was ist denn dieses Leben? Was soll man aus ihm herausholen? Eins ist klar: Wenn das Leben dem Ende zugeht, ist es zu spät, damit zu beginnen. Wenn man aber nur Angst hat, solange es noch geht, und ängstlich seine Versicherungen bedient, seine Pensionsberechnungen abfragt und letzten Endes nichts Neues macht, dann ist es wahrscheinlich, dass auch die letzten Chancen denselben Weg nehmen wie alle anderen, die man bereits vorüberziehen hat lassen.

Man schaue sich nur die Projekte der Älteren an: Sie wollen reisen, weil sie im Erwerbsleben nicht dazugekommen sind. Allerdings sind ältere Reisende nicht wirklich leichte und gute Reisende. Sie schlafen in fremden Betten schlecht, sie passen sich schwerer an neue Zeitzonen an, und sie plagen sich mit dem Klima und dem Essen. Ebenso ist es mit kulturellen Neuigkeiten – sie wollen plötzlich kreativ werden, das Gehirn und dessen Entwicklung steht diesem Projekt aber entgegen: Kreativität scheint eine Leistung zu sein, die möglichst viel Verwirrung benötigt, wie sie im jugendlichen Gehirn vorliegt. Die Struktur des Gehirns ist verwirrt, es sind mehr Zellen vorhanden, als benötigt werden, und die weiße Substanz ist ungeordnet. Jeder, der mit Jugendlichen zu tun hat, bemerkt das. Die Jungen sind unberechenbar, sowohl im logischen Denken als auch im Gefühlsleben. Ganz im Gegenteil dazu die Alten: Sie können ihre Gedanken ordnen, ihre Projekte werden nach logischen Kriterien bewertet, und ihre Gedankengänge sind leicht nachvollziehbar (wenn sie nicht aufgrund von Genius oder Krankheit gezwungen sind, außer der Norm zu denken). Daher ist es unwahrscheinlich, dass ihnen gerade jetzt etwas ganz Neues einfällt.

Ein lieber Freund von mir, heute über neunzig Jahre alt, hat mit fünfundsechzig Jahren zu malen begonnen. Sein Leben war der Hämatologie (Lehre der Blutkrankheiten) gewidmet, er hat in ihr große wissenschaftliche Erkenntnisse gewonnen. Seine Malerei ging auf seine Jugendinteressen zurück. Sie wurde immer verrückter: Die Bäume begannen sich expressionistisch zu schlängeln, die Farben wichen immer mehr von denen in der Natur ab. Aus Realismus wurde Expressionismus und letzten Endes abstrakte Kunst. In dieser Beschäftigung erreichte er keine Außerordentlichkeit mehr, seine Bilder sind bemerkenswert, aber er ist einfach kein Maler. So wie Klinikvorstände, die als Pensionisten ihrem Traum nachgeben, Bücher zu schreiben, keine Schriftsteller mehr werden.

Na und?

Es ist an sich einfach: Zuerst muss man seine Pflichten leben. Entweder man hat für seine Kinder zu sorgen oder für seine Eltern. Fallen beide Sorgen weg, dann kann man sich noch um die Enkelkinder kümmern. Alles das verhindert, dass man seinen eigenen Plänen nachgeht. Wenn es dann so weit ist, dass dafür Zeit ist, hat man weder die richtige Einstellung dazu noch die Fähigkeiten noch die Pläne.

Fazit: Es kann nur eines geben, nämlich heute zu beginnen. Heute. Egal womit, egal mit welcher neuen Beschäftigung. Jeder Tag, den man zuwartet, ist einer zu viel. Zögern Sie nicht. Beginnen Sie, für sich selbst zu schreiben. Denken Sie an Valérie Trierweiler, die Lebensgefährtin von François Hollande, des neuen Präsidenten Frankreichs. Als Journalistin schreibt sie jetzt für sich selbst, weil sie es nicht mehr veröffentlichen kann. Oder denken Sie an Musikerinnen, die öffentlich spielen wollten, aber es aus Contenance nie durften oder wollten, wie die so begabte Clara Schumann. Sie werden keiner der beiden das Wasser reichen können, aber Sie werden mehr machen als Pläne. Wie singt John Lennon in „Beautiful Boy“ so schön: „Life is what happens to you while you’re busy making other plans.“ Also: Schluss mit Taubenfüttern, auf geht’s!

Inspirationen

LITERATUR

Aurel, Marc: Selbstbetrachtungen. Insel. 1991
Bankl, Hans: Woran sie wirklich starben: Krankheiten und Tod historischer Persönlichkeiten. Maudrich. 2005.
Begley, Louis: Schmidt. 1982. Siehe auch weiter hinten „Film und Funk".
Kreisky, Bruno: Zwischen den Zeiten. Siedler. 1986.
Brewster, D.; Goldberg, B. M.: Sir Alec Newtons Leben. 1883.
Codex iuris canonici.
Darwin, Charles: The origin of men.
Djerassi, Carl: Lebenserinnerungen.
Djerassi, Carl: Vier Juden auf dem Parnass. 2008.
Doderer, Heimito von: Ein Umweg. 1940.
Dumas, Henry: Der Graf von Monte Christo. 1844–1846.
Erinnerungen an das Wiener Findelhaus. Geschichte der Medizin.
Freud, Sigmund: Gesammelte Werke, 2. Triebtheorie. Vorlesungen.
Freud, Sigmund: Traumdeutung. 1900.
Fromm, Erich: Die Kunst des Liebens. 1956.
Traska, G., Lind, H.: Hermann Leopoldi, Hersch Kohn. Mandelbaum. 2012.
Goethe, Johann Wolfgang von, Faust I + II
Goethe, Johann Wolfgang von: Elegie von Marienbad.
Grimm, Gebr.: Bremer Stadtmusikanten.
Hebräische Bibel: Bereschit (Exodus): 9,22.
Hebrische Bibel: Esau und Hagar.
Hessel, Stéphane: Empört Euch! Ullstein. 2011.
Hoffmannsthal, Hugo von: Jedermann. 1911.
Houellebecq, Michel: Plattform. Dumont. 2002.
Kafka, Franz: Brief an meinen Vater.
Kandel, Eric: Auf der Suche nach dem Gedächtnis. Die Entstehung einer neuen Wissenschaft des Geistes. Siedler. 2006.
Kant, Immanuel: Kritik der reinen Vernunft. 1781.

Kasper, H.; Scheer, P.; Schmidt, A.: Managen und Lieben. Ueberreuter Rotbuch. 2002.
Leibnitz, Gottfried Wilhelm: Die Theodizee.
Leon, Donna: Sämtliche Commissario-Brunetti-Bücher.
Lorenz, Konrad: Das sogenannte Böse: Zur Naturgeschichte der Aggression. DTV. 1983.
Lütz, Manfred: Wider die Diät-Sadisten, den Gesundheitswahn und den Fitness-Kult. Knaur. 2005.
Walser, Martin: Ein liebender Mann. Rowohlt. 2008.
Mann, Heinrich: Heinrich IV.
McBain, Scott: Der Judasfluch. Droemer. 2004.
Meryn, Siegfried; Skalnik, Christian: Wer gesund stirbt, hat mehr vom Leben. Ecowin. 2009.
Molina, Tirso de: Don Gil von den grünen Hosen. 1635.
Nestroy, Johann: Freiheit in Krähwinkel. 1848.
Neues Testament: Der ungläubige Thomas, Johannes 20, 19–29.
Nietzsche, Friedrich: Briefe. 1879–1889.
Raimund, Ferdinand: Der Bauer als Millionär. 1826.
Renn, Jürgen: Albert Einstein: Ingenieur des Universums. Leben und Werk im Kontext. Wiley.
Richter, H. E.: Flüchten oder Standhalten. Rowohlt. 1976.
Rilke, Rainer Maria: Die Aufzeichnungen des Malte Laurids Brigge. 1910.
Roth, Josef: Radetzkymarsch. 1932.
Freud, Sigmund: Vorlesungen. 1911.
Scheer, Peter; Dunitz-Scheer, Marguerite: meine. deine. unsere. Falter. 2002.
Scheer, Peter; Beckenbach, H.; Dunitz-Scheer, M.: Anorexia nervosa, state of the art, Pädiatrische Praxis. (Auch in: Gynäkologische Praxis, Praxis der Inneren Medizin) 2011.
Scheer, Peter: Die Lebensuhr. Erinnerungen eines Freundes. In: Kreutzer, Franz; Prechtl, Gerd, Steiner, Christoph (Hrsg): Der Tiger im Tank. Ein Österreicher als Werbeguru. Manz. 2002.

Scheer, Peter: Leadership und soziale Kompetenz. Linde Verlag. 2011.

Scheer, Peter: Stressmanagement für das Jahr durch Urlaub? In: Tourismus Journal, Zeitschrift für tourismuswissenschaftliche Forschung und Praxis. Heft 4, Bd.: 8/2004/2006. Lucius & Lucius.

Scheer, Peter: Stressmanagement, in: H. Kasper.

Schindel, Robert: Sämtliche Werke.

Schönborn, Christoph Kardinal: Frohnleichnahm. In: Kronen Zeitung. 2012.

Schopenhauer, Arthur: Senilia – Gedanken im Alter. Beck. 2010.

Seeling, Carl: Einstein – Mein Weltbild, Europäische Verlagsanstalt. Zürich. 1953.

Tolstoi, Leo: Anna Karenina. 1877.

Tolstoi, Leo: Krieg und Frieden. 1867/1869.

Torberg, Friedrich: Der Schüler Gerber. DTV. 1973.

Torberg, Friedrich: Die Tante Jolesch und die Erben der Tante Jolesch. DTV. München, 1973.

Torberg, Friedrich: Süßkind von Trimberg. Fischer. 1972.

Watzlawick, Paul; Weakland, J. H.; Fisch, J.: Lösungen. Zur Theorie und Praxis menschlichen Wandels. Huber. 1974.

Wells, H. G.: Die Zeitmaschine. DTV. 2011.

Werfel, Franz: Nicht der Mörder, der Ermordete ist schuldig. 1920.

Werfel, Franz: Tod des Kleinbürgers. Reclam. 2000.

Wood, Barbara: Der Fluch der Schriftrollen. Fischer. 1994.

Zweig, Stefan: Marienbader Elegien. In: Sternstunden der Menschheit. 1927

FILM UND FUNK

Antel, Franz: Der Bockerer, 1. Teil.
Begley, Louis: Schmidt. Film mit Jack Nicholson, 2002.
Beresford, Bruce: Miss Daisy und ihr Chauffeur. 1989.
Das verrückte Paar. 1993.
Der Alte. Fernsehserie.
Der letzte Bulle. Fernsehserie.
Die Straßen von San Francisco. Fernsehserie.
Guten Abend am Samstag. Radiosendung mit Heinz Conrads.
Hitchcock, Alfred: Über den Dächern von Nizza. 1955.
Im Auftrag des Teufels. 1997.
Kommissar Rex. Fernsehserie.
Loriot: Pappa ante portas. 1991.
Pilcher, Rosamunde: Sämtliche Bücher und Fernsehfilme.
Schnitzler, Arthur: Anatol. Verfilmung mit A. Gessner.

MUSIK

Berg, Armin: Nehmen 'S an Alten, an Alten, an Alten (Hermann Leopoldi: Lieder aus dem Exil).
Bronner, Gerhard (Interpret: Helmut Qualtinger): Da Wüde mit seiner Maschin. 1956.
Heller, André: Mein Freund Schnuckenak, MP3-Download, aus: Ruf und Echo. 2003.
Rossini, Giaccomo (Libretto: Cesare Sterbini): Der Barbier von Sevilla. 1816.
Schmidt, Josef: Es wird im Leben Dir mehr genommen, als gegeben. Lied. Abschluss aus dem Heldentod. Musik von Hans May, Text von Ernst Neubach.
Verdi, Giuseppe: Aida. 1870.

BILDENDE KUNST

Segantini, Giovanni: Tryptichon. St. Moritz. 1912.

Verlagsbüro W. GmbH
info@metroverlag.at

Gesamtherstellung: Theiss Druck, St. Stefan i. Lavanttal
Printed in the EU
ISBN 978-3-99300-101-8